Tasten Wahrnehmen Erkennen

Karola Baumann
Klaus Spitzer
Iris Salzmann

Tasten Wahrnehmen Erkennen

Theorie und ästhetische Praxis zu 6 Unterrichtsbeispielen im haptisch-visuellen Bereich

Otto Maier Verlag
Ravensburg

Es fotografierten in den verschiedenen Projektbereichen:
Christian Kuznik, Michael Moßner, Edgar Schöpal, Norbert Wilms, Schüler des Theodor Fliedner-Gymnasium in Düsseldorf-Kaiserswerth.
Christof Hartz, Harry Kelka, Helmut Zilliken, Schüler des Theodor Schwann-Gymnasiums in Neuss.
Susanne Bloch/Thomas Starke, Studentin der Sozialpädagogik in Düsseldorf und Zivildienstleistender im Behindertenbereich mit mehrfach behinderten Kindern.
Heide Heinz, Uwe Consbruch als freie Mitarbeiter.
Karola Baumann/Klaus Spitzer/Iris Salzmann als Projektleiter.

Für Ruth Adrienne

CIP-Kurztitelaufnahme der Deutschen Bibliothek

Baumann, Karola:
Tasten, Wahrnehmen, Erkennen: Theorie u. ästhet. Praxis zu 6 Unterrichtsbeispielen im hapt.-visuellen Bereich / Karola Baumann; Klaus Spitzer; Iris Salzmann. [Es fotografierten in d. verschiedenen Projektbereichen: Christian Kuznik ...]. – Ravensburg: Maier, 1979.
   ISBN 3-473-61435-1

NE: Spitzer, Klaus:; Salzmann, Iris:

© Otto Maier Verlag Ravensburg 1979
Einbandgestaltung:
Büro Schwaiger-Winschermann, München
Satz: Philipp Hümmer KG, Waldbüttelbrunn
Gesamtherstellung: Manz AG, Dillingen
Printed in Germany 1979
ISBN 3-473-61435-1

Inhalt

Vorwort ... 7

Einleitung ... 9

I. Tastwahrnehmung und Kommunikation ... 11
1. Psychophysische Grundlagen haptokinetischer Wahrnehmung ... 11
2. Die Empfindungen als Quelle der Gefühle ... 11
3. Die verschiedenen Arten haptischer Wahrnehmung ... 11
4. Die Bedeutung der Hand ... 13
5. Haptische Wahrnehmung und Sprache ... 16
6. Die Bedeutung kutaner Stimulation ... 16
7. Berührungskontakte und Berührungstabus ... 17

II. Tastwahrnehmung und Gesellschaft ... 25
1. Die gesellschaftliche Bedingtheit des aktiv oder passiv wahrnehmenden Menschen ... 25
2. Die gesellschaftliche Bedingtheit des Wahrnehmungsobjekts ... 26

III. Tastwahrnehmung und ihr Bezug zur Didaktik ... 29
1. Tastwahrnehmung als Erfahrungsbasis für Erkenntnis ... 29
2. Tastwahrnehmung als motivierende Lernhilfe ... 31
3. Sensibilisierung der sinnlichen Wahrnehmung – notwendige Voraussetzung zur Intelligenzentwicklung ... 31
4. Die Fiktion vom „heilen Menschen" ... 32
5. Haptische Tätigkeit und Arbeitswelt ... 33
6. Sensibilisierung als Selbstzweck ... 34
7. Sinnlichkeit in der ästhetischen Isolation ... 35
8. Sinnlichkeit als Lustprinzip ... 36
9. Haptische Wahrnehmung als Therapie ... 39
10. Haptisch-motorische Spiele als Auslöser für lustbetonte Interaktionen ... 41
11. Sinnlichkeit als Motor individueller und gesellschaftlicher Emanzipation ... 41
12. Theorie und Praxis der haptischen Wahrnehmung in den Curricula ... 42

IV. Tastwahrnehmung und Ästhetik   51
1. Haptische und visuelle Grundlagen der Bildenden Kunst   51
2. Haptische Erlebnisse als Inhalt künstlerischer Gestaltung   51
3. Haptisch gestaltete Objekte und ihre aufklärende Funktion   52
4. Probleme der Rezeption haptischer Kunst im Unterricht   52
5. Haptische Qualitäten der Architektur   53
6. Grundlagen haptischer Gestaltung   54

V. Ästhetische Praxis   61
1. Vorbemerkung   61
2. Körpererfahrung und ihre Darstellung im Medium (Klasse 6)   62
3. Zeichnen als Lust- und Affektvermittlung und Auslöser für Kommunikation (Klasse 7)   67
4. Die Untersuchung einer Produktform und ihre sinnliche Wirkung (Klasse 9)   72
5. Tastmaterial als motivierender Anstoß zur Eigenerfahrung und Fremdenwahrnehmung (Klasse 9)   77
6. Bildgestaltung im haptischen Bereich (Klasse 11)   86
7. Plastisches Gestalten als sinnenorientierter und gesellschaftsbezogener Lernprozeß (Klasse 12)   99

    Literaturverzeichnis   123

Vorwort

Dieses Buch entstand aus der Unterrichtspraxis. Im ersten Teil werden – ohne Vollständigkeit anzustreben – einige grundlegende Aspekte aufgezeigt, im zweiten Teil werden Unterrichtsbeispiele zweier Schulen (Theodor Fliedner-Gymnasium in Düsseldorf-Kaiserswerth und Theodor Schwann-Gymnasium in Neuss) aus einem Zeitraum von 6 Jahren vorgestellt und reflektiert. Beide Teile sind so aufgebaut, daß sie unabhängig voneinander gelesen werden können, Zusammenhänge werden durch zahlreiche Querverweise hergestellt.

Das Bildmaterial ist nicht nur als Illustration, sondern vor allem als selbständige Ergänzung des Textes zu betrachten. Die synoptischen Darstellungen sollen Arbeitsabläufe und ästhetische Prozesse aufzeigen. Ziel des Buches ist Anregung und Ermutigung zur ästhetischen Praxis.

Einleitung

Die Überbetonung des intellektuellen Lernens in unserer Erziehung, wie ganz allgemein die Überschätzung des Intellekts in unserer Gesellschaft, beruhen auf einer Verkennung der Bedeutung sinnlicher Wahrnehmung. Zunächst einmal ist die Ausbildung und ständige Stimulierung des Organsystems nicht nur die Voraussetzung der gesunden körperlichen und geistigen Entwicklung des Menschen, sondern Bedingung für jede organische Lebenstätigkeit überhaupt.[1] Das sinnliche, körperhafte Lernen ist für die intellektuelle Entwicklung grundlegend. Es ist nicht nur Vorstufe – wie z.B. die Programme der Frühintelligenzförderung voraussetzen –, sondern es bleibt ein Leben lang die Basis aller geistigen Tätigkeiten. Die moderne Biologie hat längst wieder den fundamentalen Zusammenhang von Geist und Körper erkannt,[2] und doch ist festzustellen, daß gerade unsere Erziehung deren Trennung fördert. Erziehung hat aber weder „eggheads" noch „Sinneskrüppel" zu produzieren, sondern die Entwicklung aller Fähigkeiten des Menschen zu fördern und nicht nur die jeweils im Produktionsprozeß gefragten Qualifikationen zu trainieren. Schule sollte nicht nur Schule des Intellekts, sondern auch der Sinne sein.[3]

Die bewußte Auseinandersetzung im täglichen sinnlichen Umgang mit den physischen Objekten und Materialien und die sinnlichen Erfahrungen mit den sozialen Objekten (Bezugspartner) sind für das Kind ein notwendiger dynamischer Erkenntnisprozeß. Doch in der Schulpraxis wird die sinnliche Wahrnehmung eher verhindert als gefördert. Allein ein nüchterner Blick in die Spiel- und Lernräume von Kindern und eine Analyse solcher Räume zeigen, daß deren Gestaltung entsinnlicht ist und sinnliche Erfahrungen auf ein Minimum reduziert werden.

Die alte pädagogische Forderung nach Anschaulichkeit des Unterrichts (Comenius, Francke, Pestalozzi) erhält heute eine neue Bedeutung. Der intellektualisierte Unterricht wird allenfalls veranschaulicht durch optische Medien, deren ideologische Manipulationsmöglichkeiten man zwar hin und wieder hinterfragte – „Visuelle (!) Kommunikation" –, deren Surrogatcharakter im Bereich sinnlicher Erkenntnis bis jetzt jedoch nicht genügend beachtet wurde. Anschauung heißt aber immer zunächst: Anschauung der primären Realität und nicht ihres Ersatzes. Pazzini nennt das Beispiel eines Vierjährigen, der im Kinderladen einem Gleichaltrigen mit einer Flasche auf den Kopf schlägt und ganz erstaunt ist, daß dieser nicht sofort wieder aufsteht.[4] Die ständig auf rein visuelle Erlebnisse der Schweinchen-Dick-Filme reduzierte und eintrainierte Erfahrung kommt hier in Widerspruch zur haptischen Erfahrung der Realität.

Wahrnehmung als sinnliche Erkenntnis findet eben nicht nur optisch, sondern simultan, mit allen Sinnesorganen statt, von denen der haptische Sinn (griech. „zum Erfassen fähig") den unmittelbarsten Zugang zur Realität bietet. Die Bedeutung des Gesichtssinns in unserer Kultur und die gegenwärtige Vorherrschaft optischer Medien täuschen darüber hinweg, daß wir ständig, in viel größerem Maße als uns bewußt ist, durch Tastempfindungen beeinflußt werden. Nicht nur die prägenden vorgeburtlichen Sinneserlebnisse, auch die ersten wichtigsten nachgeburtlichen Eindrücke sind primär haptischer Art. Sogar die Entwicklung optischer Raumvorstellungen ist ohne das Ertasten der Umwelt nicht möglich. Im täglichen Leben werden ständig optische Eindrücke haptifiziert, durch Erinnerung an Tasteindrücke in Tastvorstellungen umgesetzt.

Doch soll die jahrzehntelange Betonung des Gesichtssinnes im ästhetischen Unterricht nicht vertauscht werden durch eine ebenso einseitige des Tastsinns, der so wieder als Teilbereich der Wahrnehmung von der Realität isoliert und aus der Lebenswirklichkeit des Schülers herausgelöst würde.

Eine Sensibilisierung als Selbstzweck fördert die Manipulationsanfälligkeit (z.B. die Ansprechbarkeit durch die Werbung), wenn sie nicht gleichzeitig mit kritischer Erkenntnis der Wirklichkeit in ihrem gesellschaftlichen Zusammenhang verbunden ist und dadurch emanzipatorisches Handeln verursacht. Wird dem Menschen aber die Möglichkeit genommen, aufgrund seines differenzierten Wahrnehmungsapparates seine Umwelt zu empfinden, wahrzunehmen und bewußt zu erleben, wird sein Intellekt von der Realität abgetrennt und ihm so die Erkenntnis realer Fakten und Zusammenhänge vorenthalten. Damit wird auch die Möglichkeit jeder positiven Veränderung verhindert. Die kritische Aneignung der Wirklichkeit ist angewiesen auf geschulte Sinnesorgane – Wissen kann Sinnlichkeit (sinnliche Erkenntnis) nicht ersetzen.

Auch der künstlerische Prozeß ist ergänzend neben dem intellektuellen eine Form dieser Aneignung, er gestaltet nicht bereits Erkanntes, sondern ist selbst ein Erkenntnisprozeß und darüber hinaus ein Mittel zur Veränderung der Wirklichkeit.[5]

Im Rahmen der allgemeinen Erörterung soll im folgenden die Aufmerksamkeit besonders auf die Tastwahrnehmung gelenkt werden, als Medium zur Erkenntnis und Kontrollinstanz, als Kommunikationsmittel, als notwendige Voraussetzung ästhetischer Gestaltung und als Genußquelle. Um eine Basis für Erörterungen über haptische Wahrnehmungen und über Inhalte der ästhetischen Praxis im haptischen Bereich legen können, werden unter diesem Aspekt die historische Entwicklung der Didaktik untersucht und wissenschaftliche Ergebnisse ausgewertet. Daraus werden Beispiele für die Praxis entwickelt. Das Ziel ist, die Bedeutung der haptischen Wahrnehmung und ihrer vielschichtigen Möglichkeiten im didaktischen Rahmen herauszustellen, die Faktoren, die sie lenken und verordnen, bewußt zu machen, und zu untersuchen, wie sie selbststeuernd bei Lernenden und Lehrenden durch sinnliche Erkenntnis nutzbar gemacht werden können.

I. Tastwahrnehmung und Kommunikation

1. Psychophysische Grundlagen haptokinetischer Wahrnehmung

Der haptische (aus dem Griechischen: den Tastsinn betreffend) Wahrnehmungsprozeß – Forschungsgebiet der Sinnesphysiologie und Wahrnehmungspsychologie – ist ein komplexer Vorgang. Schon die sensorischen Voraussetzungen sind sehr vielfältig: der sogenannte Tastsinn ist nicht nur an ein einziges, streng lokalisiertes Sinnesorgan gebunden, sondern seine verschiedenen Rezeptoren (von denen bestimmte für Berührung, Druck, Vibration, Schmerz, Kitzel, Wärme und Kälte bis jetzt bekannt sind), die gesondert oder in Kombination miteinander die speziellen Reize empfangen, liegen zum einen verteilt auf den etwa 2 qm der menschlichen Haut an der Körperoberfläche[6], zum anderen aber auch im Körperinneren. Dazu kommen die Bewegungsrezeptoren in den Gelenken, Muskeln und Sehnen, die uns gleichzeitig die Informationen über Lage und Veränderung unserer Glieder vermitteln.

Das haptische Wahrnehmungssystem ist selbstverständlich nicht isoliert, sondern immer mit den anderen Sinnen gekoppelt (Synästhesie). So ergänzen und bestätigen sich z.B. das haptische und das visuelle System, und viele der gelieferten Informationen decken sich (Redundanz).[7] In unserer Empfindung verschmelzen die zahlreichen Sinneseindrücke zu einer einheitlichen Wahrnehmung.

2. Die Empfindungen als Quelle der Gefühle

Die durch die Reizeingänge hervorgerufenen Empfindungen (Sensationen) sind immer subjektiv. Sie lösen in uns emotionale Zustände, Gefühle aus, wie Lust oder Unlust, Freude oder Traurigkeit, Liebe oder Haß, Erregung oder Ruhe usw. (Gefühlston einer Empfindung). Gefühl ist aber auch abhängig von der Bedeutung des Objekts in einer bestimmten Situation und auch von den Vorstellungen und Gedanken des Wahrnehmenden.

3. Die verschiedenen Arten haptischer Wahrnehmung

Wir müssen unterscheiden zwischen dem aktiven und dem passiven Tasten. Je nach Einstellung unserer Aufmerksamkeit können wir bei ein und demselben Vorgang trennen zwischen der objektiven Erfahrung des Gegenstandes als etwas Neuem[8] (erkennendes Tasten, Objektivierung bei einer intentionalen, forschenden Einstellung) und dem subjektiven Eindruck des Gegenstandes auf uns selbst (fühlendes Tasten, Somatisierung bei rezeptiver, kontemplativer Einstellung).
Gewöhnlich ist der Empfindungscharakter des Wahrgenommenen nicht von den Informationen über seine Gegenstandsbedeutung zu trennen,[9] doch kann man die Rezeptoren auch so reizen, daß wenig oder gar keine Informationen, sondern

nur Empfindungen und die davon ausgelösten Gefühlserlebnisse vermittelt werden.[10] Wird die gegenständliche Bedeutung der Dinge zurückgedrängt, treten also die emotionalen Wirkungen stärker in den Vordergrund. Da man die Gefühle nicht vom Bewußtsein des Menschen trennen kann, sind aber auch die Gefühle von seinem gesellschaftlichen Sein bestimmt und ändern sich je nach den gesellschaftlichen Verhältnissen, in denen er lebt.[11]

4. Die Bedeutung der Hand

Das haptische Wahrnehmungssystem liefert eine Fülle von Informationen mittels der gesamten Körperoberfläche, vor allem aber durch die besonders leistungsfähige Hand. Sie ist – charakteristisches Merkmal nur des Menschen – das wichtigste Organ zum Ertasten der Umwelt, dessen überragende Bedeutung sich entwickeln konnte, seit sie von der Funktion der Fortbewegung durch den aufrechten Gang befreit war. Entwicklungsgeschichtlich gibt es enge Verbindungen zwischen der Fühl- und Formfähigkeit der Finger und den Funktionen des Denkhirns. Sprachzentrum und motorisches Zentrum liegen im Gehirn benachbart. Kant definiert die Hand sogar als „das äußere Gehirn des Menschen" – eine hellsichtige Bemerkung, die heute anatomisch und pathologisch bewiesen ist. Die Hand ist das wichtigste Instrument der menschlichen Arbeit. Mit ihr lassen

links:
Das sinnliche Erlebnis und das sinnliche Lernen sind die Grundlagen der intellektuellen Entwicklung

rechts:
Die sensibilisierte Hand ist das wichtigste Werkzeug für menschliche Arbeit

sich alle Handgriffe ausführen, die man einzeln den Maschinen übertragen hat: greifen, ziehen, stoßen, drücken, wickeln, kneten, fädeln, spülen, füllen, brechen, biegen, ordnen u.a.m.[12] Die Psychotechniker – in den Dienst der Ausnutzung menschlicher Arbeitskraft gestellt – untersuchen die Handgriffe im Hinblick auf eine maximale und optimale Leistung bei geringstem Energieverbrauch.

Wir achten im allgemeinen mehr auf die motorischen Ausführungstätigkeiten („Hand"-lungen) der Hand, der Arbeit und auf ihre Ausdrucksfunktionen, die Gebärden, aber weniger auf ihre beim Tasten und Greifen beteiligte Wahrnehmungsfunktion, durch die wir ständig Informationen über die Umwelt erhalten. Außerdem werden wir durch die bei der Berührung ausgelösten Empfindungen vor allem im Unterbewußtsein ständig emotional beeinflußt.

Die Entwicklung der Tätigkeiten der Hand übt großen Einfluß auf die geistige Entwicklung aus, während umgekehrt Hemmungen und Schädigungen ihrer Bewegungsfähigkeit die geistige Tätigkeit negativ beeinflussen oder schon Anzeichen psychischer Störungen sind. Hierauf baut folgerichtig eine Therapie auf, die geistesschwache Kinder durch Training manueller Fähigkeiten fördert. Eine Sensibilisierung der haptischen Fähigkeiten der Hand ist also wichtiges Ziel der Erziehung. „Die Hand ist nicht in jedem Sinn ein Glied des Menschen, sondern nur soweit sie, als beseelt, ihr Werk zu verrichten vermag."[13]

links:
Der Spielplatz als offener Lernraum spricht im Gegensatz zum Klassenzimmer alle Sinne an

rechts:
Sinnlicher Genuß beim Spiel ist ein Ausgleich für die Entsinnlichung der Umwelt und der Erziehung

5. Haptische Wahrnehmung und Sprache

Die Aneignung der Welt geschieht ontogenetisch wie phylogenetisch zunächst in direktem sinnlichen Kontakt und später in engem Zusammenhang zwischen sinnlicher Erfahrung und sprachlich begrifflicher Artikulation. Bei der sinnlichen Aneignung ist der Tastsinn primär. Das motorische Zentrum und das Sprachzentrum liegen im Gehirn benachbart. So ist es nicht verwunderlich, daß die Begriffe für die geistige Aneignung der Umwelt vorwiegend aus dem taktilmotorischen Bereich stammen: greifen, begreifen, ergreifen, griffig, Griff, Begriff, Eingriff, Zugriff, Fehlgriff/fassen, erfassen, unfaßlich, Fassung/nehmen, vornehmen, Wahrnehmung, Vernunft/falten, Einfalt/geben, Gabe, Begabung/wenden, Vorwand, Einwand/fangen, fähig (von fahen = fangen), Anfang/handeln, behandeln, verhandeln, Handel, Handlung, Abhandlung, Vorhandensein, Verhandlung/drücken, beeindrucken, Eindruck, Ausdruck/fühlen, Gefühl, Einfühlung/gliedern, zergliedern, Gliederung/halten, behalten, erhalten, Haltung, Vorbehalt/wirken, Wirkung, Wirklichkeit/schließen, Entschluß, Beschluß/legen, auslegen, überlegen, Überlegung/stellen, vorstellen, Vorstellung/stehen, verstehen, Verstand/rühren, Rührung, Berührung/weisen, Weisung, Weisheit/teilen, Urteil/es berührt mich, es ergreift mich, es packt mich, es läßt mich nicht los, ein Händchen für etwas haben u.a.m.

Das Wort „Gegen-stand" gibt sehr genau das Verhältnis der Welt zum erlebenden und erkennenden Individuum wieder und ist ganz aus dem erlebten Tastvorgang heraus entstanden. Die Dinge erscheinen als etwas Entgegenstehendes, wenn sie die Hand eindrücken, die den Körper umschließt und gegen die Außenwelt absetzen kann.

Die Vernachlässigung der nichtvisuellen Sinne spiegelt sich in einer Verarmung der Sprache, so daß oft die Worte für sinnliche Qualitäten und emotionale Bereiche in unserer Sprache fehlen.[14]

Wortsprache ist immer begrifflich und so Reduktion der Wirklichkeit.

Neben der Wortsprache besitzen wir aber auch die Fähigkeit, differenzierte Gedanken und Gefühle non-verbal durch die Hand (Gestik), den Gesichtsausdruck (Mimik) und Haltung und Bewegung des ganzen Körpers (Körpersprache, Pantomimik) zu vermitteln. Sinnlicher Kontakt ist direkter und „umfassender" als Wortsprache. Die reduzierte Begriffssprache ist also kein ausreichendes Instrument der Erkenntnis der Realität. Auch Kommunikation kann und darf nicht nur auf sprachlichen Kontakt begrenzt werden. Spracherziehung und Entwicklung der Sinnesorgane sollten also „Hand in Hand" gehen.[15]

Für die Schulpraxis bedeutet das einen ausgewogenen Wechsel von Praxis und Reflexion.

6. Die Bedeutung kutaner Stimulation

Die Schüler sind schon vor Eintritt in die Schule, in viel höherem Maße als gemeinhin angenommen wird, bereits in frühkindlichem Stadium für ihr späteres Leben vorgeprägt worden. So gewährleistet nur eine ausreichende Stimulation der Haut des Kleinkindes – die ja sein primäres Sinnesorgan ist – eine gesunde körperliche, geistige und seelische Entwicklung.[16]

Die Art und Weise der haptischen Erfahrungen prägen das Leben. Häufig gestreichelte Kinder werden „emotional ernährt", sie entwickeln sich körperlich kräftiger, werden seltener krank und lernen schneller. Durch Streicheln und wärmenden Körperkontakt empfindet der Mensch aber auch, daß man ihn liebt, daß er also in die Gesellschaft freundlich aufgenommen wird und in ihr geborgen ist – Grundlage für ein intaktes Sozialverhalten.[17] Mangelhafte kutane Stimulation (cutis = die Haut) prägt dagegen gefühlsarme, rational betonte Charaktere, behindert die körperliche und geistige Entwicklung – in manchen Fällen sterben Säuglinge daran –, bewirkt vor allem eine unzureichende sexuelle Entwicklung und erschwert die gesellschaftliche Integration. Zu untersuchen bliebe, inwieweit sich auch die in unserer Gesellschaft noch übliche unterschiedliche Behandlung von Jungen und Mädchen auswirkt.[18]

Entwicklungsgeschichtlich war eine der Ursachen für die Herausbildung unserer Sinnesorgane ihre Funktion zum Geben und Empfangen von Mitteilungen, also zur Kommunikation. Körperkontakte bilden ein wichtiges Mittel non-verbaler Kommunikation.[19] Hierzu haben sich in den Kulturen unterschiedliche, sehr differenzierte „Tastsprachen" ausgebildet, die sich nach Körperregionen, Dauer und Intensität der Berührung unterscheiden.[20]

Sie reichen von vorsichtigen Berührungen über taktile Begrüßungsformen (Händeschütteln, Schulterklopfen, Berührung des Ellenbogens usw.), gegenseitiges Liebkosen, Küssen und Umarmen bis zum Sexualakt. Tastgewohnheiten drücken Gefühle aus, genau wie Klang, Melodie und Geschwindigkeit beim Sprechen.[21]

7. Berührungskontakte und Berührungstabus

Entwachsen wir der Kindheit, errichten wir als Schutzzonen um unseren Körper Dinstanzhüllen,[22] deren gradweise Durchdringung wir nur bestimmten Personen freiwillig gestatten. Zwischenmenschliche taktile Berührungen werden immer dann unterdrückt, wenn man die Menschen isolieren und distanzieren will. Leibfeindliche puritanische Strömungen des Christentums verwandelten die Lust am Körper in Sünde. Der Konkurrenzkampf im Kapitalismus zwingt die Menschen zur Abkühlung ihrer Beziehungen und zur Vermeidung aller Gefühlsbindungen, die ja durch Körperkontakte gefördert werden. Der Mensch wird entsinnlicht und in ein Arbeitsinstrument verwandelt. Auch die Überbevölkerung der Städte zwingt die Bewohner zur Zurückhaltung und Kontaktabwehr. Aus alldem ergibt sich eine emotionale Verarmung, psychische und daraus folgende körperliche Unbeweglichkeit und zahlreiche Erkrankungen. So haben auch die gehäuften Berührungsverbote von Objekten[23] als Folge nicht nur geringere Körperkontakte, sondern sie können seelische und körperliche Krankheiten (z.B. Hautkrankheiten) bewirken.[24]

Sexualität ist die intimste Form menschlicher Kommunikation. Beim Koitus spielt Körperberührung die zentrale Rolle (Liebe = Seelenharmonie + Hautkontakt). Das Bedürfnis, mütterlich umarmt und liebkost zu werden, bleibt ja ein Leben lang erhalten, doch wird die Erfüllung durch gesellschaftliche Schranken mancher Art unterdrückt.[25] Andererseits ist es auch verhängnisvoll, daß in unserer christlich geprägten Kultur alle Körperberührungen sofort mit Sexualität gleichgesetzt werden, einer Sexualität, die in puritanischer Tradition verdrängt wurde.[26]

In den gleichen Zusammenhang gehört auch das Tabu, den eigenen Körper zu berühren und schon kleinen Kindern wird das Erforschen des eigenen Leibes verboten.

In der Körpersprache der Liebenden leben viele, lang unterdrückte Verhaltensweisen der Kindheit wieder auf. Die taktile Stimulierung im Kindesalter legt die Grundlage für ein späteres glückliches Sexualleben. Die Grunderfahrungen des Intimlebens werden ja keineswegs erst in der Pubertät, sondern im Säuglingsalter gemacht. Und die

---

Seite 18:
Ungewohnte Kleider und Verhüllungen machen das sinnliche Erleben des Körpers wieder bewußt

Seite 19:
Beim Toben und Balgen werden der eigene Körper und die spielerischen Körperkontakte mit anderen lustvoll erlebt

überbetonte Sexualität bei Erwachsenen läßt sich häufig auf das zwanghafte Bedürfnis nach unerfüllten körperlichen Kontakten zurückführen.[27]

Die haptische Kommunikation, deren intime Realisierung im sexuellen Akt, der intensivsten zwischenmenschlichen Beziehung stattfindet, setzt die Fähigkeit voraus, die „Tastsprache" aktiv zu beherrschen, andererseits erfordern die differenzierten Berührungserlebnisse einen hochsensibilisierten Tastsinn, zwei Aspekte, die in der Liebeskultur Ostasiens bis zu ästhetischer Qualität verfeinert wurden.

Der Mensch ist nicht nur in seiner Kindheit, sondern ein Leben lang auf Körperkontakte angewiesen („Streicheleinheiten"). Das soziale Bedürfnis nach kutaner Berührung mit anderen Menschen, in unserer Kultur oft schwer zu erfüllen, wird durch zahlreiche Ersatzbefriedigungen nur scheinbar ausgeglichen: das warme, weiche Bett dient als Ersatzmutterleib; künstliche Kuscheltiere oder lebende Tiere werden zu Übertragungsobjekten;[28] Pelzmäntel sind „Kuscheltiere für Erwachsene" (Morris); Zigaretten sind getarnte Schnuller und ersetzen das Saugen an der Mutterbrust; das Raufen der Kinder, die Tänze der Erwachsenen, und die Eigenkommunikation wie Kratzen, Streicheln von Gegenständen (Handschmeichler, Perlenketten, Rosenkranz) dienen als Ersatzhandlung. Hier ist auch das lustvolle Betrachten von Körperkontakten auf Bildern einzuordnen. Und die bezahlten Ersatzkontakte durch „Berufsberührer"[29] reichen von Masseuren, Krankenschwestern, Ärzten, Friseuren, Kosmetikerinnen, Schuhputzern bis zu den seit Mitte der sechziger Jahre vom Esalen Institute in Big Sur in Kalifornien ausgehenden und rasch Anhang findenden, geschäftstüchtig aufgebauten Begegnungsgruppen (Sensivity-Training, Transpersonale Psychologie, Multiple Psychotherapie, Sozialdynamik u.ä.), welche den unterdrückten Drang nach Körperberührung profitabel in bare Münze umsetzen, und die mit taktilen Techniken arbeiten, die seit langem in Gesellschaftsspielen praktiziert werden. Ihre rasche Verbreitung erklärt sich daraus, daß sie die Menschen wieder „daran erinnern, daß sie nicht nur einen Körper haben, sondern Körper sind".[30]

Die Werbung, stets auf der Suche nach ungedeckten Bedürfnissen, hat das ungestillte Verlangen nach haptischer Kommunikation weidlich ausgenutzt. Die Misere einer Kultur, die in puritanischer Tradition die Körperkontakte tabuisierte, wird aber nirgendwo so deutlich, wie in dem Versuch, dieses elementare Bedürfnis durch technische Apparate zu ersetzen und kommerziell auszubeuten.

Die Erziehung darf die haptischen Bedürfnisse auch der zwischenmenschlichen Beziehungen nicht verdrängen, sondern hat sie zu fördern. Wahrnehmung kann nicht als solche isoliert trainiert werden, sie richtet sich auf Objekte und damit auch auf den eigenen Körper und auf den anderer Menschen.[31] Das Ziel muß sein, die Schranken abzubauen, Lust am Körper als positiven Wert zu erkennen und zu erleben, Kommunikationsmöglichkeiten durch neue Sensibilisierung des eigenen Tastbewußtseins zu erweitern und eine differenzierte, hemmungsfreie zwischenmenschliche Begegnung zu ermöglichen und zu entwickeln.[32]

Anmerkungen

1. Dies zeigt in aller Deutlichkeit ein 1966 im Rahmen der Astronautentests durchgeführtes Experiment. Die Testperson wurde unter weitgehender Reduktion aller Reize total von der Außenwelt isoliert. Da die Hypophyse nach kurzer Zeit ihre Funktion nicht mehr ausübte und sich die weißen Blutkörperchen sprunghaft vermehrten, wäre nach 10 bis 12 Minuten der Tod eingetreten. Der Versuch mußte sofort abgebrochen werden. Hugo Kükelhaus, Organismus und Technik.
Rudolf Arnheim berichtet von psychologischen Experimenten über Reizverminderung, die zeigten, wie die seelischen Funktionen empfindlich gestört wurden. Es entsteht „ein Zustand, der den Gleichmut, die Denkfä-

higkeit und auch das Sozialverhalten der Versuchsperson stark beeinträchtigt". Es stellten sich Zwangsvorstellungen ein, um die fehlenden Sinneserlebnisse zu ersetzen, die darauf hinweisen, „daß die Sinnestätigkeit nicht dem bloßen Reizempfangdienst, sondern eine unentbehrliche Vorbedingung für das Funktionieren des Geistes ganz allgemein ist. Die Fähigkeit des Nervensystems setzt ununterbrochene Reaktionen auf die Umwelt voraus". Rudolf Arnheim, Anschauliches Denken, S. 29.

2. Das Verknüpfungssystem von geistigen, seelischen und körperlichen Faktoren wird ausführlich in dem Buch von Frederic Vester „Denken, Lernen, Vergessen" beschrieben.
Vgl. dazu auch seinen anregenden Aufsatz „Vom Organismus zur Technik: Umweltgestaltung und die moderne Biologie" in Fritz Gotthelf u.a., Exempla, Entfaltung der Sinne.

3. „Unsere Kultur betrachtet Geist und Körper fälschlicherweise als voneinander getrennte Phänomene. Diese Trennung in Geist und Körper isoliert den Intellekt, vereinsamt ihn und beschneidet die großartigen Feedback-Möglichkeiten mit den biologischen Grundgesetzen, die ihm der eigene Organismus bietet. (...) Die Abtrennung des Geistigen vom Körperlichen stört somit die Beziehung zur Umwelt auf das Empfindlichste und führt unsere Spezies in eine Sackgasse." Vester, ebd. S. 18.
„Erst wenn dieses Lernen in Übereinstimmung mit der Biologie unserer Wahrnehmungs- und Gehirnfunktionen erfolgt, also in Übereinstimmung mit unserem Organismus, wird es uns möglich sein, das Gelernte in seiner richtigen Verknüpfung mit der Umwelt, in Wechselwirkung mit der Realität anzuwenden." Vester, ebd. S. 35.
Wird hier auch auf die wichtige Basisfunktion sinnlicher Erkenntnis hingewiesen, so bleibt doch unklar, wie dieses Ziel realisiert werden soll, da alle gesellschaftlichen Faktoren ausgeklammert werden.

4. Pazzini, in Hartwig (Hrsg.), Sehen lernen, Köln 1975, S. 56.

5. „Realistische Praxis ist Studium der Realität und deren mögliche Veränderung als mehrstufiger Prozeß in Wechselbeziehung von Kunst und Wissenschaft. Dabei ist von den sinnlich konkreten Erscheinungen auszugehen." Henning Freiberg und Helmut Korte, Thesen zur Neubestimmung der Funktion von Kunst und Unterricht.

6. Wir nehmen mit dem Tastsinn die direkte Berührung unserer Körperoberfläche wahr (Nahsinn). Somit ist er für Erkenntnis die wichtigste reale Basis. Thomas von Aquin: „Die Haut ist der Sinn aller Sinne."
Die gesamte Körperoberfläche wird somit auch zum Instrument menschlicher Kommunikation. Sie ist dicht mit verschiedenen Rezeptoren überzogen: ca. 3–4 Millionen Schmerzempfänger, 1/2 Million druckempfindlicher Punkte, 1/6 Million Wärmepunkte. Die Zahl der Sinneszellen auf der Haut ist je nach Körperteil verschieden, am dichtesten auf der Zungenspitze und der Volarseite des letzten Fingergliedes. Daraus ergibt sich die Vorrangstellung der Hand und ihre Bedeutung für die menschliche Arbeit und Kommunikation.
„Die Haut ist das Organ der Grenzen: Hier hört der Organismus des Individuums auf, hier beginnt die angrenzende An- und Umwelt. An der Haut hat das eine wie das andere seine Grenze. So ist die Haut, da sie eine Grenzfunktion erfüllt, das Innen- und Außenwelt verbindende Organ. Hier geht eines in das andere über, tauscht sich eines mit dem anderen aus, wirkt eines auf das andere ein. Die Haut ist eine aktive Membran. Sie lebt in und durch Kommunikation." Hugo Kükelhaus, Fassen, Fühlen, Bilden, S. 75.

7. „Besonders wichtig ist der Zusammenhang zwischen dem Hin- und Herwenden eines mit der Hand ergriffenen Dinges und der visuellen Untersuchungsaktivität; durch solches Zueinander von haptischer und visueller Untersuchung wird das Ding sowohl in seiner gegenständlich-räumlichen Solidität wie in seiner materiellen Greifbarkeit immer adäquater und genauer erfaßbar." Holzkamp, a.a.O., S. 116.

8. Gibson trifft hier noch eine andere Unterscheidung: „Die Extremitäten sind Sinnesorgane, die der Erkundung dienen, aber sie sind ebenso Ausführungsorgane; das heißt, die Ausrüstung für das Haben von Erlebnissen ist anatomisch identisch mit der Ausrüstung für das Tun." Gibson, a.a.O., S 134.

9. „In den Empfindungen spiegeln sich die Eigenschaften der Dinge und Erscheinungen wider, die unabhängig vom Menschen existieren. In den Gefühlen erlebt der Mensch seine Beziehung zu diesen Dingen und Erscheinungen." Teplow, a.a.O., S. 148.

10. Klar dargestellt hat die Problematik Gibson: „Als Quelle unseres Wissens (...) arbeiten die Sinnesorgane als Wahrnehmungssysteme; als Quelle für bewußtwerdende Sinnesempfindungen (...) arbeiten Rezeptoren und Nerven, wenn sie als Kanäle bestimmter Empfindungsqualitäten betrachtet werden." Gibson, a.a.O., S. 72. Vgl. hierzu die Unterrichtsbeispiele „Tastmaterial zur Eigenerfahrung und Fremdwahrnehmung" und „Bildgestaltung im haptischen Bereich".

Der bei diesen Themen absichtlich herbeigeführte Zustand der Vermittlung von Gefühlserlebnissen ohne inhaltliche Informationen tritt sonst nur im Experiment ein und kann uns Aufschluß geben über die Organisationsprinzipien des Wahrnehmungsfeldes. Immer besteht das Bestreben, die unübersichtliche Realität im Hinblick auf größere Ordnung zu organisieren. Holzkamp nennt als Ergebnis wissenschaftlicher Untersuchungen folgende Prinzipien: Überverdeutlichung der Abgehobenheit, Überakzentuierung der Geschlossenheit, Komplettierung, Überakzentuierung von Invarianzen innerhalb von Geschehensabläufen, Stiftung von Wirkungszusammenhängen. Holzkamp, a.a.O., S. 313 ff.

11. Eine gute Übersicht über den neuesten Stand der Forschung findet sich in einem noch unveröffentlichten Vortrag von Max J. Kobbert (Universität Regensburg) in der Katholischen Akademie in Schwerte 1978 zum Thema „Zu den psychologischen Grundlagen haptokinetischer Bildsprache und Ästhetik".

12. Vgl. Révész, Die menschliche Hand, S. 48 f.

13. Aristoteles, Metaphysik VII, 11. Ähnlich äußert sich auch Karl Jaspers: „Die Hand ist ein Werkzeug des Denkens, aber so, daß ihr sinnvolles Tun unmittelbar die Wirklichkeit des Denkens ist, die Lust des Denkens in der Einheit mit der Hand sich vollzieht."

14. Vgl. hierzu Walter Höllerer, Welt aus Sprache. Einführung in den Ausstellungskatalog Welt aus Sprache. Berliner Akademie der Künste, 22. September bis 22. Oktober 1972.

15. Aus diesen Erkenntnissen koppelte Maria Montessori sinnliche Wahrnehmung und Sprache.
Vgl. hierzu Vester, a.a.O., S. 173.

16. Hierzu und zum folgenden vgl. Ashley Montagu, Körperkontakte. Die Bedeutung der Haut für die Entwicklung des Menschen.

17. Montagu, a.a.O., S. 20
„Aus dem, was das Kind empfindet, wenn die Mutter es in ihren Armen hält oder an sich drückt, bildet sich die grundlegende Möglichkeit der Kommunikation, seine erste Sprache, die erste Herstellung einer Berührung mit einem anderen Menschen, die Grundlage des spezifischen ‚menschlichen Verhaltens' (the human touch)."
Montagu, a.a.O., S. 86.
Es wäre eine eigene Untersuchung wert, einmal die Bedeutung der Körperkontakte im Sport zu untersuchen. Enge Körperkontakte erzeugen bei einer Spielmannschaft ein Zusammengehörigkeitsgefühl, eine Methode, die z.B. bei den Japanern (Volleyball- und Fußballmannschaften) ganz bewußt angewendet wird. Auch das Umarmen nach einem Torschuß oder der Tausch verschwitzter Trikots am Ende hat hier seine Wurzeln. Vielleicht wird der Fußballsport wegen der vielen Körperberührungen von manchen deshalb als vulgär empfunden, während das auf große Distanz angelegte Tennisspiel als vornehm gilt.

18. Vgl. dazu auch Montagu, a.a.O., S. 140.
So könnte die größere taktile Erlebnisfähigkeit der Frau und die stärkere visuelle des Mannes hier ihre Wurzel haben.

19. Man unterscheidet den taktilen Kanal (z.B. Körperberührungen, Streicheln usw.), den thermalen Kanal (z.B. Spüren der Körperwärme) und den gustatorischen Kanal (z.B. Geschmacksempfindungen beim Kuß). Scherer, a.a.O., S. 3 f.

20. Ebd., S. 77.

21. Vgl. hierzu Liepman, a.a.O. S. 85.

22. Der Anthropologe E. T. Hall, der die „Proxemik" begründete, unterscheidet vier Zonen: 1. die intime Distanz 0–60 cm, 2. die persönliche Distanz 60–150 cm, 3. die gesellschaftliche Distanz 150–400 cm, 4. die öffentliche Distanz 4–8 m und mehr.

23. Vgl. dazu das Kapitel „Tastwahrnehmung und Gesellschaft", S. 25.

24. Montagu, a.a.O., S. 158.

25. Fritz Rumpf machte auf die Bedeutung der Tastqualität der Kleidung als sexuelles Reizmittel bzw. deren Gegenteil aufmerksam und bringt zahlreiche Beispiele aus allen Kulturen. Rumpf, a.a.O., S. 313 ff. Vgl. dazu Simone de Beauvoir. Sie verknüpft den Sinn der weiblichen Toilette vor allem hinsichtlich der haptischen Qualitäten mit dem Bedürfnis nach Befriedigung des Tastempfindens in einer häufig feindlichen Welt, mit der Suche nach „Trost, den Samt und Seide bieten." de Beauvoir, a.a.O, S. 397.

26. „Und wenn wir selbst uns schon nicht den Gefahren einer starken gegenseitigen Abhängigkeit aussetzen wollen, die keiner Logik gehorcht, dann ist es kein Wunder, wenn wir auch nicht durch das Intimverhalten anderer Leute in der Öffentlichkeit an sie erinnert sein wollen. Deshalb haben die jungen Verliebten unter sich zu bleiben und die Öffentlichkeit zu meiden – andernfalls drohen wir mit dem Gesetz. Wir machen ein Verbrechen daraus, wenn jemand in der Öffentlichkeit einem anderen Menschen gegenüber zärtlich ist. Und so kommt es, daß es in gewissen hochzivilisierten Ländern bis auf den heutigen Tag ein Vergehen ist, sich öffentlich einen Kuß zu geben." Morris, a.a.O., S. 174.

27. Montagu, a.a.O., S. 130.

28. In der Bundesrepublik werden rund 8 Millionen Hunde gehalten. „Fast immer dient nämlich das Haustier dazu, entweder zusätzliche oder unerfüllte Bedürfnisse nach körperlicher Intimität zu befriedigen." Morris, a.a.O., S. 210.
Der Hund ersetzt den menschlichen Rücken, das Fell der Katze das Haar des Geliebten. Oft dienen Tiere auch als „Kinderersatz". Wohlgemerkt, es sind nicht die das Leben bereichernden Lustquellen und -erfahrungen abzulehnen, sondern nur ihre die wirklichen Zusammenhänge vertuschende Funktion und Ersatzlösung einer privatisierenden Fixierung oder auch Perversion aus Kontaktarmut. Vgl. dazu D. W. Winnicott, a.a.O., S. 14 ff.
Das jeweilige Kuschelobjekt soll dem Kind „das Gefühl der Wärme vermitteln und durch Bewegung, Oberflächenbeschaffenheit und scheinbare Aktion den Eindruck erwecken, lebendig zu sein und eigene Realität zu besitzen". Bei gesunden Kindern nimmt das Kuschelobjekt allmählich an Bedeutung ab, „weil die Übergangsphänomene schärfer werden und sich über den gesamten intermediären Bereich zwischen innerer psychischer Realität und äußerer Welt, die von zwei Menschen wahrgenommen wird, ausbreiten – das heißt über den gesamten kulturellen Bereich". Winnicot ordnet dem Kuschelobjekt oder „Übergangsobjekt" die Funktion zu, dem Kind bei der Entwicklung der Symbolbildung zu helfen, indem es einmal ein Teilobjekt – etwa die Brust – symbolisiert, zum anderen jedoch tatsächlich nicht die Brust ist. Hier entsteht der Prozeß des Verstehens für Unterschied und Ähnlichkeit. Das Übergangsobjekt bildet den Ausgangspunkt zur Annäherung an objektive Erfahrungen und zur Ablösung der frühen starken Bindung an die Bezugsperson.

29. Morris, a.a.O., S. 175.

30. Morris, a.a.O., S. 284.

31. Beispiele hierfür auch in Bott, a.a.O., S. 83 ff.
Walter Höllerer erwähnt in seinem Essay in sich geschlossene Systeme von Signalgrammatiken. In „primitiven" Kulturen gibt es Tastgrammatiken einer Tastsprache. Er macht darauf aufmerksam, „daß man in der Bundesrepublik geradezu von einer ‚Vulgärpsychologie des Handschlags' sprechen könnte, weil Festigkeit, Dauer, Wärme und Trockenheit des Händeschüttelns Funktionen erfüllen, die Einfluß auf den weiteren Ablauf der zwischenmenschlichen Beziehungen haben können. Öffentliche Interaktionen wie Schulterklopfen, Umarmen, Berühren des Ellenbogens oder des Oberarms, Händeschütteln: produziert in Massenmedien werden diese taktilen Verständigungen zu weitreichenden, von Propaganda und Werbung verwerteten Symbolaktionen". Höllerer, a.a.O., S. 14.

32. Ein unbefangenes Verhältnis zur haptischen Kommunikation hatte die Antike: „Nämlich Berührung, Berührung ihr heiliges Wesen der Götter, ist des Körpers Empfindung, sei's daß von außen etwas sich einschleicht, sei's, wenn verletzt, was drinnen im Körper entstanden, oder ergötzt, wenn verläßt es ihn bei der Venus Befruchtung." Lucretius, De Rerum Natura, II, 434.
Enge Kontakte bieten auch Identifikationsmöglichkeiten. Es wird aus alten japanischen Schulen berichtet, daß am Eingang Tierplastiken aufgestellt waren, die von den Schülern morgens beim Eintritt gestreichelt wurden. In manchen Freien Waldorfschulen werden die Schüler morgens einzeln mit Handschlag vom Lehrer begrüßt, eine Sitte, die auch von manchen protestantischen Pastoren ausgeübt wird, wohl wissend, daß auf diese Weise sofort ein enger Kontakt hergestellt wird. Vgl. zur Erweiterung des Tastbewußtseins auch das Kapitel „Haptisch-motorische Spiele als Auslöser für lustbetonte Interaktionen", S. 41.

II. Tastwahrnehmung und Gesellschaft

1. Die gesellschaftliche Bedingtheit des aktiv oder passiv wahrnehmenden Menschen

Wahrnehmung geschieht nicht passiv, sondern ist eine aktive Handlung. Wir treffen immer bereits eine Auswahl unter dem potentiellen Reizangebot – z.B. durch Orientierungsbewegungen und Einstellung der Sinnesorgane –, das also nicht zwangsläufig total konsumiert werden muß. Man wählt Wichtiges aus, optimiert die Reize oder schließt sich dagegen ab (Selektivität).[1] Der sinnlich wahrnehmende Mensch aber lebt nicht isoliert, sondern in einer bestimmten Zeitepoche und Kultur, einer bestimmten Gesellschaft und Klasse und in einer ganz bestimmten Umwelt. Er ist geprägt von seiner Erziehung in Elternhaus, Schule und Beruf und von seinem individuellen, wiederum auch gesellschaftlich mitbedingtem Schicksal.[2]

So ist seine sinnliche Wahrnehmung – und damit auch seine Haptik – nicht total, sondern reduziert, nicht neutral, sondern parteiisch und von Vorurteilen bestimmt, nicht wertfrei, sondern mit moralischen Bedeutungen behaftet.

Schon die bei jedem Menschen unterschiedlichen, stark prägenden kutanen Erfahrungen im Frühstadium seiner Entwicklung bestimmen lebenslang die Einstellung zur Umgebung.[3] Das Elternhaus mit den Strukturen und Texturen der Wohnungseinrichtung, einer bestimmten typischen Temperatur und Luftfeuchtigkeit, dazu die Bewegungs- und Berührungsgewohnheiten der anderen Familienmitglieder und der Nachbarn, die in der Familie und der Gegend bevorzugte Kleidung u.a. haben großen Einfluß auf die sich entwickelnden sinnlichen Reaktionsweisen.[4]

Erst recht aber wird die sinnliche Wahrnehmung durch die Erziehung gesteuert. Die Tabus, die unsere Kinder schon von klein auf beschränken und einengen, wenn sie die Umwelt „begreifen" wollen, lassen den Tastbereich nicht zum Erfahrungsbereich werden. Die zahlreichen Berührungstabus aber schaffen ein falsches Weltbild, aus sinnlicher Verarmung folgen körperliche und psychische Defizite.[5] Da das Anfassen von Gegenständen bis hin zum Berühren von Personen häufig Sanktionen nach sich zieht, kann sich kein unbefangenes Verhältnis des Menschen zu sich selbst, seinen Mitmenschen und den Objekten entwickeln. Seine entfremdete Einstellung zur Umwelt wird entsinnlicht und somit verkrampft und genußlos. In der Kindheit werden bereits die Wurzeln zur Anfälligkeit für eine mit dem trügerischen Schein arbeitende Werbung gelegt. Es werden verordnete Seh- und Verhaltensweisen anerzogen, die das „Begreifen" gesellschaftlich kanalisieren und manipulieren.

Auch das jedem Menschen eigene allgemeine Sinnesmuster mit bestimmten Empfindungs- und Verhaltensgewohnheiten ist nicht allein genetisch programmiert und psycho-physisch bestimmt,[6] sondern durch Umgebung und Erziehung unbewußt und bewußt beeinflußt.[7] Aus alledem geht hervor, daß die Wahrnehmungen und Reaktionsweisen auch klassenspezifisch differenziert sind.[8]

Tastwahrnehmungen sollten – wie alle anderen Sinneserfassungen – nicht verhindert, sondern auf allen Altersstufen auch ohne gleichzeitige Einschränkung durch formale Regulierung, Verwendungsvorschriften zur Materialbenutzung, Beschränkung durch Nützlichkeitsdenken, Sauberkeitsdrill und Berührungstabus in freiem kreativ-experimentellen Spiel ermöglicht werden.[9] Dies gilt für haptische Erfahrungen an Materialien wie auch am menschlichen Körper. Kinder wollen mit Farbe nicht nur malen, sondern auch matschen und sich und andere beschmieren. So wird Sakrosanktes abgebaut und die soziale Etablierung von Stereotypen entlarvt, werden Tabus durchbrochen und Vorurteile abgelegt. Wir erhalten so erst die Voraussetzungen, die gesellschaftliche Bedingtheit von Tastmustern zu durchschauen, eigene und fremde Verhaltensweisen in ihrem Ursprung zu erkennen, Sitten und Gebräuche anderer Völker zu verstehen und zu billigen. Das Übersehen der Empfindungsgewohnheiten hatte falsche pädagogische Verhaltensweisen zur Folge. Verständnis für die Tastmuster anderer heißt auch Kinder verstehen, heißt ihre Zimmer anders einrichten, richtige Kleidung kaufen, ihre Schulen anders bauen,[10] den Lehrstoff ändern und den Unterricht anders gestalten.

2. Die gesellschaftliche Bedingtheit des Wahrnehmungsobjekts

Die haptischen Eigenschaften eines Objekts werden nicht „an sich" wahrgenommen, sondern immer in Verbindung mit allen seinen anderen sinnlichen Qualitäten und seiner Form (Simultaneität).[11] Das Ding besteht auch nicht isoliert, sondern befindet sich an einem bestimmten Ort in einem bestimmten Zusammenhang mit seiner Umwelt, es hat eine allgemeine Bedeutung und eine ganz spezifische für den jeweils Wahrnehmenden.

Die durch menschliche Arbeit geschaffenen Objekte erfahren und erleben wir also nicht allein in ihren sinnlichen Qualitäten, sondern gleichzeitig, fast untrennbar, auch in ihrer sozialen und gesellschaftlichen Bedeutung und nicht nur in ihrer Funktion des Nutzens (Gebrauchswertcharakter), sondern – in unserem Wirtschaftssystem – auch als Wertobjekte, als Waren mit Geldwert (Tauschwertcharakter).[12] Als Ware sind sie nicht wertneutral. Mit den sinnlich wahrnehmbaren Qualitäten eines Objektes werden also ökonomische, ideologische, soziale und politische Bedeutungen mitgeliefert.

Der teure Marmor ist eben nicht nur feinkörniger, glatter Stein, sondern ein überliefertes Symbol für Repräsentation und Herrschaft. Der Warenwert wird hier zunächst zum ästhetischen Wert, um dann ideologischen Gehalt zu bekommen („edles" Material – „edel" = von „Adel"!).[13]

Auch Kinderkleidung, Spielzeug und Wohnungseinrichtung haben nicht nur einen Nutzen, einen Gebrauchswert, sondern als Ware einen Tauschwert. So lernt schon das Kind immer zugleich mit den sinnlich erfahrenen Eigenschaften des Gegenstandes nicht nur zusätzlich seine Funktion, sondern auch seine Einordnung in eine – den Erwachsenen so wichtige und den Kind ganz unverständliche – Wertskala der Preise und Wertvorstellungen und seinen Rang als Repräsentationsobjekt kennen.[14] Mit Worten, Gesten, Mimik und Schlägen werden nicht nur die bürgerlichen Erziehungsideale wie Ordnung, Sauberkeit und eine spezifische Ästhetik eingebleut, sondern immer werden zugleich auch die Gegenstände mit ihrer Bedeutung in diesem Wertgefüge gekoppelt. Vor allem aber darf fremdes Eigentum nicht berührt werden – es verlöre ja an Wert.[15]

Neben dieser Verbindung der sinnlichen Erfahrung von Gegenständen mit einer ökonomisch bestimmten Rangordnung werden moralische und emotionale Bewertungen damit verknüpft, die in den jeweiligen Kulturen, ja sogar bei den einzelnen Familien und Individuen verschieden sind. Bereits bei den ersten Tastversuchen des Kleinkindes werden durch die damit verbundenen Reaktionen der Erwachsenen, die oft unbewußt aus ihren eigenen Wünschen und Ängsten hervorgehen, mit dem empfangenen Tastreiz des Materials auch Werturteile verknüpft. So dürfen die ,,verabscheuungswürdigen" Exkremente nicht angefaßt werden und ,,Nasebohren" ist verboten.

Unter besonders strengem Berührungstabu steht in unserer Gesellschaft der Mitmensch.[16] Schon das Zeigen mit dem Finger auf einen anderen Menschen ist – als Andeutung einer Berührungsgeste – verpönt. Auf der anderen Seite lockt aber seine werbende Aufmachung[17] zur Berührung, ein Konflikt, der durch käufliche Surrogate nur scheinbar gelöst wird.

Anmerkungen

1. So sollte man also zwischen dem passiven Empfinden und dem aktiven Wahrnehmen unterscheiden. Sinne sind also mehr als nur Kanäle für die Auslösung von Empfindungen, sie sind Wahrnehmungssysteme, die Informationen vermitteln (doch beruht Wahrnehmung nicht immer ausschließlich auf bewußten Sinneserlebnissen).

2. ,,Die Sinne des gesellschaftlichen Menschen" sind ,,andere Sinne wie die des ungesellschaftlichen (...) Die Bildung der fünf Sinne ist eine Arbeit der ganzen bisherigen Weltgeschichte." Karl Marx, MEW Ergbd. 1, S. 541 f.
Genauer untersucht wurden diese Zusammenhänge von Holzkamp, a.a.O., S. 119 ff. und S. 211 ff.
Die Aufdeckung kann nicht allein in sinnlicher Erfahrung, sondern nur in denkender Erkenntnis durch Vermittlung der Sprache geschehen.

3. Vgl. Montagu, a.a.O., S. 65 ff. und S. 170–219. Hier wird ausführlich auf die Zusammenhänge zwischen Kultur und Hautkontakt eingegangen. Vgl. auch die Schilderung aus der Kindheit des Architekten Richard Neutra in einem wohlhabenden, komfortabel eingerichteten Elternhaus: ,,Ich leckte gern an der löschpapierähnlichen Tapete neben meinem Kopfkissen und an dem blankpolierten Messing meines Spielschranks. Damals bereits und ebendort muß ich eine unbewußte Vorliebe für makellos glatte Oberflächen, die der anspruchsvollsten aller Prüfungen durch Tasten – dem Zungentest – standhalten, entwickelt haben und ebenso eine für fugenlosere und auch elastischere Fußbodenbeläge." R. Neutra, Getaltete Umwelt, VEB Verlag der Kunst, Dresden 1968, 1975, S. 27.
Aufschlußreich ist auch ein Vergleich zwischen den häufigen Körperberührungen im Alltag mediterraner Völker mit dem distanzierten, jeden Körperkontakt vermeidenden Verhalten von Mitgliedern der englischen Oberschicht.

4. Montagu macht auf die Kleidung als künstliche Berührungsbarriere aufmerksam, was für die einzelnen Kulturen und Zeitepochen noch zu untersuchen bliebe. In diesem Zusammenhang verweist das Anwachsen der Freikörperkultur unter anderem auch auf den Wunsch nach größerer Kommunikation.

5. Die sich daraus ergebenden Folgen reichen bis zur Entstehung von zahlreichen Krankheiten, im Extrem sogar der Schizophrenie, da die Unterbindung von Berührungserlebnissen im Kindheitsstadium den Kontakt mit dem Körper und damit der Realität verloren gehen läßt.
,,Erlebt ein Kind taktil zuwenig, resultiert oft ein Mangel an Kontakt- und Empfindungsfähigkeit daraus, ein Fehlen der Identität, Absonderung, Gefühlsschwäche und Gleichgültigkeit – alles Züge der schizoiden und schizophrenen Persönlichkeit." Montagu, a.a.O., S. 160.
Vgl. auch Alexander Lowen, The Betrayel of the Body, New York 1969, S. 2 f.
Die Entwicklung einer Genußhaltung wird ebenfalls verhindert, da nur erlaubte Gegenstände, wie z.B. Stofftiere und bestimmtes Plastikspielzeug, zum Genuß zugelassen werden.

6. ,,Ein neu hinzukommender Reiz veranlaßt die Reaktionen, vor allem denjenigen Wegen zu folgen, die bereits von einer schon vorhandenen Erregung benutzt werden und Kanäle für Nervenenergie geschaffen haben. Wenn solch eine ‚Kanalisierung' ständig geworden ist, hat sich ein subjektiver Wert gebildet, und ein sozialer mag die nächste Folgerung sein." R. Neutra, a.a.O., S. 179.
Herrmann Wurmbach zeigt als Biologe, daß der Mensch mit seinen Sinnesorganen nur einen Ausschnitt der Welt erfaßt. ,,Der spezifischen Sinneswelt entspricht eine spezifische Wirkwelt (...). Beide zusammen ergeben die Umwelt oder den Lebensraum. Der objektiv vorhan-

dene Lebensraum ist also größtenteils ohne Bedeutung, sondern nur die in der Sinneswelt und Wirkwelt vertretbaren Ausschnitte." Hermann Wurmbach, a.a.O., S. 334 f.

Wenn also ein Organ abgestumpft ist, erfaßt der Mensch einen geringeren Ausschnitt der Umwelt, nimmt sie z.B. haptisch nicht mehr voll wahr und ist somit leichter manipulierbar.

7. Liepmann unterscheidet einen Hör-, Sing-, Sprech-, Seh-, Tast-, Bewegungs-, Geruchs- und Geschmackstyp. Lise Liepmann, a.a.O., S. 20 ff.
Sie geht ausführlich auf den Tasttyp und spezielle „Tastmuster" ein (S. 41 ff.) und auf seine Beeinflussung durch die Gesellschaft (S. 63 ff.)

8. Es gibt im taktilen Verhalten der Menschen nicht nur kulturelle und nationale, sondern auch Klassenunterschiede. Man kann im allgemeinen sagen, daß die Berührungsfreudigkeit abnimmt, je höher die Klasse ist, zunimmt, je niedriger sie ist." Montagu, a.a.O., S. 199.

9. Gerhard Bott, a.a.O., S. 29 ff.

10. „Aber obgleich Bologna sparen muß, ist nicht die billigste Lösung die beste. So wird etwa für Tischbeschläge (in Schulen) das altmodische und gegenüber modernen Materialien erheblich teurere Linoleum wieder verwendet, weil es lärmdämpfend und angenehm zu berühren ist." Jäggi/Müller/Schmid, Das rote Bologna, Verlagsgenossenschaft, Zürich 1976, S. 173.

11. Vgl. das Kapitel über „fühlendes Tasten", S. 11, wo von der Form bewußt abgesehen wird!

12. Vgl. Wolfgang Haug, Kritik der Warenästhetik, und ders., Warenästhetik. Beiträge zur Diskussion und Vermittlung ihrer Kritik.

13. K.J. Pazzini bringt in seiner Erörterung der Thesen von Holzkamp anschauliche Beispiele, wie Kinder mit den Gegenständen, z.B. Auto oder Wohnzimmerschrank, deren Wert und soziale Einstufung mitlernen müssen. K.J. Pazzini, Gegenständliche und symbolische Aneignungsprozesse – Bemerkungen zur Brauchbarkeit von Klaus Holzkamps Theorie der sinnlichen Erkenntnis in der Diskussion um Kunstdidaktik, in Sehen lernen, Köln 1976, S. 41–62.

14. Gisela Schmeer berichtet von einem zwölfjährigen Jungen, der seine teure Autorennbahn gegen ein Katzenfell eintauscht, dessen „sinnlicher Wert" ihm größer war. Gisela Schmeer, Das sinnliche Kind.

15. „Die erkenntnisfähige Aneignung der Welt durch Sinnes- bzw. Wahrnehmungstätigkeit ist nur soweit möglich, als die bestehenden Eigentumsverhältnisse dies zulassen, die Mehrzahl der Menschen hat im Verlauf der historischen Entwicklung (. . .) lernen müssen, daß alle Gegenstände, die im Lebensraum der Menschen vorkommen, seien sie natürlicher Art oder von Menschen hergestellt, in bestimmten Eigentumsverhältnissen zu anderen Menschen stehen. Diese Gegenstände darf man betrachten, dies ist sogar erwünscht und dient der Erhöhung des Sozialprestiges – aber man darf sie nicht berühren oder ertasten." Stadler/Seeger/Raithel, a.a.O. S. 97.

16. Vgl. das Kapitel über „Berührungskontakte und Berührungstabus", S. 17.

17. Auch der Mensch ist als Ware vermarktet und wird entsprechend „verpackt". Vgl. dazu W.F. Haug, Kritik der Warenästhetik, S. 95.

III. Tastwahrnehmung und ihr Bezug zur Didaktik

Der haptische Bereich darf also auf keinen Fall aus der fachdidaktischen Erörterung ausgeklammert werden. Rückblicke in die Geschichte der allgemeinen Didaktik und der Fachdidaktik sollen aufzeigen, daß es bereits Ansätze gegeben hat, über die Tastwahrnehmung dem Menschen Ebenen zu erschließen, die sich mit den Zielformulierungen für einen emanzipatorischen Kunstunterricht teilweise deckten und diese vorwegnahmen. Andererseits wurde oft versucht, diesen Bereich zu isolieren, so daß er für die alltägliche Praxis nicht mehr übertragbar war.

1. Tastwahrnehmung als Erfahrungsbasis für Erkenntnis

Nikolaus Comenius (1592–1670) betont als erster, ausgehend von seinem Prinzip der Anschauung, die erzieherische Bedeutung der Arbeit mit der Hand und die Bedeutung der Hand für die Arbeit, so daß er geradezu an den Anfang der Geschichte des Werkunterrichts gesetzt werden kann.[1] Das „Hand"werk aber ist vor allem im haptischen Bereich verankert.

„Als Kundschafter und Späher für die ‚anima rationalis', die in uns wohnt, dienen als Werkzeuge das Gesicht, das Gehör, der Geruch, der Geschmack und der Tastsinn. Mit ihrer Hilfe geht sie allem, was außen liegt, nach. Und nichts Erschaffenes kann ihr verborgen bleiben. Denn es gibt nichts in der sichtbaren Welt, das sich nicht sehen, hören, riechen, schmecken oder ertasten und dadurch in seinem Wesen und seiner Beschaffenheit erkennen ließe."[2]

Comenius mißt hier der Sinneswahrnehmung, damit auch dem Tasten erkenntnistheoretische Funktion bei, wobei die Sinnesorgane von einem natürlichen Verlangen nach Reiz aktiviert werden. Erfahrungen, die über den Tastsinn gespeichert werden, sind dabei ebenso abrufbar, wie visuelle oder andere Eindrücke. „Alles, was mein Gesicht oder Gehör, meinen Geruchs-, Geschmacks- oder Tastsinn berührt, gleicht einer Petschaft, mit dessen Hilfe Abbilder der Dinge dem Gehirn eingedrückt werden und das so deutlich, daß das Abbild auch dann bestehen bleibt, wenn der Gegenstand von den Augen, den Ohren, der Nase oder der Hand wieder entfernt wird."[3] Und weiter: „Die Dinge prägen sich zuerst und unmittelbar den Sinnen ein, dann erst durch Vermittlung der Sinne dem Verstand. Ein Beweis dafür, daß der sinnlichen Erkenntnis an sich Glauben geschenkt wird, ist doch (die Tatsache), daß man bei einem Vernunftschluß (rationicatio) oder bei fremder Aussage (certificatio) zur Sicherheit auf die Sinne zurückgreift."[4]

Hier wird nicht nur das Prinzip der Anschaulichkeit vertreten, sondern schon ganz deutlich ausgesagt, daß die Tastwahrnehmung Kontrollorgan und Korrektiv bei der Erkenntnis bzw. Auseinandersetzung mit der Realität ist.

Nur der haptische Sinn in seiner erkenntniskritischen Funktion trennt Schein von Sein. Johann

Gottfried Herder schrieb schon 1778: „Wir glauben zu sehen, wo wir fühlen (gemeint ist ‚tasten') und fühlen sollten; wir sehen endlich so viel und so schnell, daß wir nicht mehr fühlen und fühlen können, da doch dieser Sinn unaufhörlich die Grundfeste und der Gewährsmann des vorigen sein muß. (...) Im Gesicht ist Traum, im Gefühl Wahrheit."[5] Das gleiche meint Rousseau im „Emile": „... das Gesichtsorgan muß dem Tastorgan untergeordnet werden, und das Ungestüm des ersteren muß sozusagen vom schwerfälligeren und gemessenen Tempo des zweiten im Zaum gehalten werden."[6] Das Zusammenwirken mehrerer Sinne im Dienste der intellektuellen Arbeit wird von Comenius und Fröbel hervorgehoben. Comenius räumt jedoch dem „Orbis Pictus" mehr Chancen bei der Welterkenntnis ein als dem Tun und damit der Tastwahrnehmung. Bei steigender Komplexität der Lebensverhältnisse sind den Erkenntnissen durch das Tun engere Grenzen gesetzt als den Erkenntnissen, die sich durch die Betrachtung ausgewählter Bildkombinationen ableiten lassen und als Erkenntnisdepots für Gegenwart und Zukunft nutzbar machen lassen. Das „Orbis Pictus" wendet sich über den visuellen Kanal an den Intellekt und ist genau vorgegeben.[7] Aber auch die Tätigkeit der arbeitenden Hand, das „Hand"werk, mobilisiert spezielle Kräfte im Menschen, die ebenfalls, didaktisch geführt, verstärkend zur Welterkenntnis und ihrer Anschauung führen können.

Bedenklich ist Comenius' Forderung an den Schüler, bestimmte, vorher festliegende Formen und Normen anzuschauen und nachzuahmen. Hier unterscheidet sich der moderne Werkunterricht – genauer, der heute geforderte Bildungsinhalt des Werkunterrichts – grundlegend von Comenius und späteren Vertretern des „Handfertigkeitsunterrichts". Eher entspricht Rousseaus Vorstellung von der Funktion des Handwerks, das Emile erlernt, den modernen Tendenzen. Emile erfindet und macht Erfahrungen unter dem Aspekt, daß die bestehende gesellschaftliche Ordnung einem Wandel unterworfen ist, während Comenius Anpassung an die Ordnung erwartet. Comenius legte den Schwerpunkt auf den Sprachunterricht. Die Objekte, die zur Veranschaulichung der Sprache dienen, ließen sich aber nur losgelöst aus ihrem sozialen und ökonomischen Umfeld visuell und haptisch wahrnehmen. Dabei ist es noch wesentlich schwieriger als im „Orbis Pictus", ihre soziale Bedeutung herauszustellen, wo Comenius durch ihre Zuordnung und die nebenstehenden Erläuterungen „Weltanschauung" vermittelt. Den gleichen Vorbehalt muß man machen, wenn heute Hoenisch, Niggemeyer und Zimmer im Vorschulbereich Material einsetzen, um den Kindern die Bedeutung eines gelesenen Wortes als Erlebnis über den Tast-, Geruchs- und Geschmackssinn zu vermitteln und auf diese Weise besser im Gedächtnis zu verankern.[8] So werden Materialien nach Oberflächenstrukturen in einer Collage gegliedert und mit den dazugehörigen Begriffen versehen. Die Tastwahrnehmung wird hier lediglich eingesetzt, um Sprache zu versinnlichen und damit lebendiger zu machen.

Irrig wäre es, zu glauben, der Tastsinn sei nicht manipulierbar. Rousseau sagt: „Die Sinne üben, heißt nicht nur, sie gebrauchen, sondern lernen, durch sie alles wohl abwägen und beurteilen. (...) Übt also nicht allein die Kräfte, übt alle Sinne, durch die sie gelenkt werden; nutzt sie alle so gut wie möglich aus, und dann überprüft den einen Sinneseindruck durch den anderen. Meßt, zählt, wägt, vergleicht."[9] Das Ziel wäre also eine kritische Beurteilung der Wirklichkeitserfahrung.

Der aufgeklärte Mensch ist jedoch erst bei entsprechender Entwicklung seiner Sinne imstande, seine Umwelt und seine Situation zu durchschauen. Das meint Maria Montessori, wenn sie sagt: „Der Betrug durch die Industrie lebt von der fehlenden Sinnesausbildung des Volkes, genau wie der Betrug durch den Schwindler auf der Einfalt seines Opfers beruht."[10]

2. Tastwahrnehmung als motivierende Lernhilfe

Zu dem Problem der Aneignung der Realität über die sinnliche Wahrnehmung sagt Fröbel: „Innerliches äußerlich, Äußerliches innerlich zu machen, für beides die Einheit zu finden; dies ist die allgemeine äußere Form, in welcher sich die Bestimmung des Menschen ausspricht, darum tritt auch jeder äußere Gegenstand dem Menschen mit der Anforderung entgegen, erkannt und in seinem Wesen, seiner Verknüpfung anerkannt zu werden; dazu besitzt der Mensch die Sinne, d.i. die Werkzeuge, durch welche er jene Forderung erfüllt, welches auch erschöpfend und genügend das Wort Sinn, d.i. selbsttätige Innerlich-Machung bezeichnet."[11]

Am Beispiel der Mutter – Pestalozzi bezeichnet sie als die „bildende Mutter"[12], die sich mit ihrem Kleinkind beschäftigt und diesem die Außenwelt spielerisch näherbringt (in der direkten Bedeutung des Wortes, „in die Nähe" des Kindes bringt), indem sie das Kind mit den Objekten Kontakt über das „Begreifen" aufnehmen läßt, wird deutlich, daß die Art der Anschauung, das Kind am Gegenstand lernen zu lassen, ein wesentlicher Faktor bei der Erkenntnisgewinnung über die Realität ist.

Der Erkenntnisvorgang läuft nach Pestalozzi in 3 Stufen ab, von der Erfahrung zur Begriffsbildung und dann zur Abstraktion. So führt etwa die Mutter den Finger des Kindes an ein Messer, um es mit dessen Eigenschaft vertraut zu machen und sagt dazu: „'s Messer sticht." Nach der Vorführung der Wirkung führt die Mutter zu den bleibenden Eigenschaften des Messers – scharf und spitz – und von da ausgehend zu der Einsicht in die Wirkung stechen und schneiden an sich.

Die Entwicklung von Neugierverhalten durch „Begreifen" von Objekten und die daraus entstehende Lust der Materialaneignung und damit auch der Aneignung der Realität – dem „Erfassen" der Eigenschaften und ihrer Beziehungen zum Menschen – zeigen den Einsatz der Tastwahrnehmung als motivierende Lernhilfe zum Kennenlernen der Umwelt.[13] Fröbels Beispiel zeigt, daß diese nicht „an sich" wahrgenommen wird, sondern zugleich in ihrer Bedeutung für den Menschen. In der Entwicklungsphase ist dies sogar gleichbedeutend mit Überleben.

3. Sensibilisierung der sinnlichen Wahrnehmung als notwendige Voraussetzung zur Intelligenzentwicklung

Die vielen durch unsere verschiedenen Empfindungen ständig widergespiegelten Eigenschaften werden kombiniert mit im Gedächtnis gespeicherten Erfahrungen und Vorstellungen, gruppiert und gedeutet (Erkenntnis) und so zur Wahrnehmung vereinigt, zu einem Gesamtbild, das die Gegenstände und Erscheinungen der Wirklichkeit wiedergibt. Die Wahrnehmung wird also auch durch Lernprozesse beeinflußt. Die Sinne als Wahrnehmungssysteme können durch Übung entwickelt werden. Nicht die Sinnesempfindungen können erlernt werden, aber die wahrnehmungsmäßige Aufmerksamkeit kann geübt und dadurch die Unterschiedsempfindlichkeit in allen Sinnesbereichen verbessert werden.[14]

Darüber hinaus besteht ein direkter Zusammenhang zwischen den Sinnen, ihrer Sensibilisierung und der Intelligenzentwicklung, den Rousseau schon 1762 intuitiv richtig erfaßt, wenn er sagt: „Zum Denkenlernen gehört also, daß unsere Glieder, unsere Sinne und Organe geübt werden, weil sie die Werkzeuge unserer Intelligenz sind."[15]

Es ist ein Kardinalfehler unseres Schulsystems, daraus nicht die didaktischen Konsequenzen gezogen zu haben, und es klingt sehr aktuell, wenn Rousseau schon vor über 200 Jahren klagt: „Die Sinne sind die ersten Fähigkeiten, die sich in uns bilden und vervollkommnen. Also sind sie auch die ersten, die gepflegt werden müssen; sie sind

jedoch auch die einzigen, deren Bildung man vergißt oder am meisten vernachlässigt."[16] Ähnlich bemerkt auch Goethe: „Begreift doch, was schier unbegreiflich einfach ist: Die Glieder der Erkenntnis (...) wollen durch Taten entwickelt werden. In Untat verkümmern sie!"
Zur Sensibilisierung des Tastsinns läßt Rousseau seinen Emile spezielle Übungen zur Wahrnehmung von Vibrationen machen.[17]
Auch Salzmann übt den Tastsinn im Philantropien zu Schnepfenthal, sicherlich angeregt durch Rousseaus Ideen, und läßt Blätter zur Pflanzenbestimmung mit verbundenen Augen ertasten.[18] Die Fröbelschen Holzklötze richten sich an das Auge und die tastende Hand, allerdings bleibt hier die Textur nebensächlich. Für den Realisten Herbart (1776–1841) sind die Sinneswahrnehmungen Basis für die Entwicklung des Bewußtseins, da sich aus den Sinneseindrücken die Vorstellungen ergäben, die wiederum grundlegend für das psychische Erleben seien. So ergibt sich auch in seiner Didaktik eine starke Betonung der Sinnesübungen. Die gegenseitige Abhängigkeit von Fertigkeit und Fähigkeit wird von Scherer betont. Pabst (Direktor des Seminars für erzieherische Knabenarbeit) kann schon 1900 auf Grund von Forschungsergebnissen – allerdings im Hinblick auf die motorische Entwicklung – schreiben: „Die Erforschung der Entwicklung des Kindes hat nun gelehrt, daß die Ausbildung der motorischen Empfindungen frühzeitig beginnen muß, denn die Gehirnzellen, die über die Muskelbewegung der Hand gebieten, entwickeln sich frühzeitig..."[19] und folgert, was bis heute vielfach bestätigt wurde: durch „Handfertigkeit" wird direkt – auf physiologischem Wege – die Entwicklung des Gehirns funktionell gefördert.
Doch erst Maria Montessori entwickelte aus der Erkenntnis der Bedeutung einer systematischen Übung der Sinne als elementare Voraussetzung für die geistige Entwicklung des Menschen ein geschlossenes didaktisches System mit einem Repertoire sensorieller Gegenstände – und darin auch zahlreiche Tastmaterialien – für Drei- bis Sechsjährige, an denen die Kinder differenzierte Übungen zur Entwicklung aller Sinnesorgane machen können.

„Der naheliegende Wert einer Erziehung und Verfeinerung der Sinne gibt durch die Erweiterung des Feldes der Wahrnehmung eine immer zuverlässigere und reichhaltigere Grundlage für die Entwicklung der Intelligenz."[20] Sie beschreibt anschaulich die Folgen einer Vernachlässigung sinnlicher Entwicklung, etwa wenn Schüler zwar die Theorie verstehen, aber nicht fähig sind, sie in die Praxis umzusetzen, oder wenn ein rein verstandesmäßig geschulter Arzt nicht fähig ist, eine Diagnose zu stellen, da seine haptische Sensibilität nicht ausreicht, um feine Differenzierungen der Herztöne oder das Vibrieren eines Fieberschauers zu tasten.[21]
Übt man die Sinne, erwirbt man aber nicht nur die Voraussetzung, die Wirklichkeit genauer und intensiver wahrzunehmen, sondern die Organe entwickeln sich zu Instrumenten der aktiven Erforschung der Umwelt. Daß hier der Tastsinn „grund"-„legende" Bedeutung hat, erkannte bereits Rousseau, wenn er über das Kind in den ersten Lebensjahren schreibt: „Alles will es berühren, in die Hand nehmen. Tut nichts gegen diese Unruhe, sie ermöglicht ihm eine äußerst notwendige Schulung. So lernt es die Wärme, die Kälte, die Härte, die Weichheit, die Schwere und die Leichtheit der Körper fühlen; über ihre Größe, ihre Form und alle ihre wahrnehmbaren Eigenschaften urteilen, indem es sie betrachtet, betastet, hört, vor allem aber indem es Gesichts- und Tasteindrücke vergleicht, indem es mit dem Auge die Empfindung schätzt, die sie in seinen Händen erzeugen würden."[22]

4. Die Fiktion vom „heilen Menschen"

Bei einem Einblick in die Didaktik von Hermann Lietz werden wir zu Beginn des 19. Jahrhunderts mit einer bis heute folgenreichen Spaltung konfrontiert, mit der unglückseligen Trennung von Hand- und Kopfarbeit. Der „Gegensatz von arbeitslosem Geist und geistloser Arbeit"[23] läßt sich bis in die Antike zurückverfolgen. Lietz kennzeichnet die Schulsituation seiner Zeit – und das gilt noch heute – wie folgt: „Unser ganzes System bloß intellektueller Prüfungen ist zu einer ungeheuren Einseitigkeit, Übertreibung, Schädlichkeit herangewachsen. Nichts hat unsere Erziehung mehr verdorben als das." Die falsche Planung beginnt schon im Schulsystem, das „das Gehirn überanstrengt, den Körper, die Seele und den Willen vernachlässigt".[24]

Zwei Aspekte werden bei Lietz klar herausgearbeitet: die Aufwertung der Handarbeit gegenüber der Kopfarbeit in der spezifischen politischen und ökonomischen Situation und der therapeutische Aspekt der Handarbeit innerhalb der intellektuellen Überbeanspruchung während des Schulalltags. Seine Zielsetzung war die „Herausbildung harmonischer, selbständiger Charaktere, deutscher Jünglinge, die an Leib und Seele gesund und stark, die körperlich, praktisch, wissenschaftlich und künstlerisch tüchtig sind, die klar und scharf denken, warm empfinden, mutig und stark sein wollen".[25] Dieses Ideal eines heilen, ganzen, allseitig entwickelten Menschen – mens sana in corpore sano – ist jedoch nicht gesellschaftsbezogen, es schwebt im leeren Raum. So allgemein formuliert, läßt es sich leicht mißbrauchen, in jedes politisches System integrieren und störungsfrei jeder Gesellschaftsform anpassen. Es erzieht nicht zu einer kritischen Haltung, da der emanzipatorische, aufklärerische Aspekt ausgeklammert bleibt.

5. Haptische Tätigkeit und Arbeitswelt

Wäre der wissenschaftlich gesicherte Zusammenhang praktischer Tätigkeit und der körperlichen und geistigen Entwicklung des Menschen schon Grund genug für die Förderung eines richtig verstandenen „Werkunterrichts" als einem Übungsfeld menschlicher Sinne, so gibt es doch auch noch als zweiten wichtigen Aspekt den Bezug zur realen Arbeitswelt mit ihrer körperlichen, handwerklichen und industriellen Arbeit. Im Hinblick auf die herrschende Schulpraxis in der BRD, einer isolierenden, intellektuellen Erziehung, bleibt jedoch festzustellen, daß bis heute das Auseinanderklaffen zwischen der gesellschaftlichen Produktionspraxis und den realen schulischen Unterrichtsbedingungen nicht überwunden wurde.

Umweltbezogene Inhalte sind heute längst nicht mehr auf den Werkunterricht beschränkt. Von Vertretern der „Visuellen Kommunikation" wurden sie sogar schneller strukturiert und theoretisch abgesichert, als die Werkdidaktik zu leisten vermochte.[26] Die Diskrepanz zwischen den Anforderungen durch die Richtlinien und dem tatsächlichen Leistungsvermögen der Kunsterzieher, die Werkunterricht nach herkömmlichem Muster erteilen, ist groß. Klöckner formuliert noch 1968 ausschließlich auf das Individuum und das Objekt bezogen: „Das Bildungsziel erstreckt sich also primär auf Sachen oder Sachzusammenhänge – nicht auf Formalien (Kräftebildung, Gestaltungsfähigkeit, Verstandesbildung, Willensbildung)."[27] Auch Mehrgardt stellt die Forderung nach „Schulung des Augen- und Tastsinnes" auf, die zur Bildung der formenden Kräfte und zur manuellen Geschicklichkeit tragen solle. Für ihn trägt Werkerziehung zur charakterlichen Erziehung und zur Persönlichkeitsbildung bei. Hiermit steht er in der Tradition von Kerschensteiner. Mehrgardts Ziel bleibt es, „die mit der geistigen Gesamtentwicklung wachsenden bildhaften, plastischen und funktionalen Denkmöglichkeiten zu entwickeln und nicht technische Vorbildung zu leisten".[28] Doch steckt er den Rahmen immerhin bereits weiter, wenn er schreibt: „Die Arbeitsvorgänge und die Gegenstände der Werkerziehung bringen Mensch und Umwelt, Mensch und Gesellschaft so in Beziehung, daß von hier aus ein gemeinschaftskundlicher, sozialer Beitrag zu leisten ist."[29] Mögen auch die unterschiedlichen Tendenzen im Werkunterricht – wie in der Geschichte der Kunsterziehung überhaupt – oft thematisch wie praktisch von der Gesellschaft isoliert geblieben sein, so bleibt doch festzuhalten, daß die haptische Qualität der Arbeitsergebnisse ihnen einen größeren Bezug zur Realität gab, als dies oft im visuellen Bereich der Fall war.

Die Zielsetzungen innerhalb der Werkdidaktik beziehen sich in ihren unterschiedlichen Aussagen auf verschiedene Schultypen, und so ist es bis heute ausschlaggebend, ob die Schüler Absolventen der Hauptschule sind und entsprechend früher auf den Beruf vorbereitet werden, oder beispielsweise Gymnasiasten, bei denen offenbar werkdidaktische Themenstellungen als nicht relevant betrachtet werden. Es ist jedoch zu fragen, ob nicht heute jeder Schüler fundierte Einsichten in Technik und Arbeitswelt, ihre technisch-funktionalen und ihre sozio-ökonomischen Zusammenhänge braucht.[30]

6. Sensibilisierung als Selbstzweck

In der Einleitung zu Röttgers „Spiel mit den bildnerischen Mitteln"[31] schreibt H. Lauterbach: „Die Übung der schöpferischen Kräfte läßt die Individualität erstarken und verhilft dem Menschen zu einer ‚Kritik der Sinne', welche die Fähigkeit fördert, manches Unmenschliche in unseren Existenzbedingungen zu erkennen und damit auch, ihm zu begegnen und ihm zu entgehen." Die scheinbare Umweltkritik entlarvt sich im Nebensatz jedoch als Flucht vor der Realität. Die durch schöpferische Arbeit freigemachte Energie führt nur wieder auf das Individuum zurück. Selbsthergestellte Tastobjekte führen nur zum haptischen Erlebnis und Genuß schöner Formen und Oberflächen, höchstens noch zur Erkenntnis minderwertiger Industrieware, ohne aber deren Ursachen zu erforschen. Alle sozio-ökonomischen und politischen Aspekte werden ja von vornherein ausgeklammert.

Auffallend für die Literatur der 60er Jahre[32] ist der häufige Bezug zu Ittens Vorkurs am Bauhaus und seiner Formenlehre. Itten ging es darum, die Tastwahrnehmung seiner Studenten zu sensibilisieren anhand „chromatischer Reihen von Materialien verschiedener Oberflächenqualitäten", die anschließend bildnerisch interpretiert wurden.[33] Auch hier bleibt das Vorgehen bildimmanent, da die Wahrnehmung nur auf das Erfassen bildnerischer Strukturen beschränkt bleibt und das Objekt lediglich als Vorlage für zu abstrahierende Formen dient. Realität ist also nur Anlaß und nicht Ziel dieses Sensibilisierungsprogramms.

Auch Bodo Wessels greift auf Itten zurück.[34] Er bezeichnet das Spielen der Kinder mit „Pamp und Sand, Steinen und Bauklötzen, Papier und Muscheln" als „puren Praktizismus", den er durch eine lehr- und lernbare „Grammatik" und „Syntax" des Plastischen steuern will. Der Kunstunterricht soll „das Gestaltempfinden insbesondere für Körperhaft-Räumliches im reinen Bereich des Ästhetischen zweckfrei entwickeln und pflegen." Unter den Begriff „Tastraum", den er (nach Uexküll) zu den Umwelträumen zählt, ordnet er alle Tastformen von Gebrauchsgegenständen ein. Die Funktion des Tastens dabei ist es, den „guten Gebrauch" zu kontrollieren. Durch eine Analyse des Gebrauchsgerätes wird der Geschmack geschult, Qualität erkannt und „Fremdbestimmtheit" in Form schlechten Geschmacks abgebaut (!). Keramik, Plastik und Konstruktives Bauen sind die einzigen schöpferischen Tätigkeiten des herkömmlichen Werkunterrichts, die in direkter Berührung des Materials ausgeführt werden. Daher propagiert auch Schwerdtfeger für die Kunsterziehung das Modellieren und argumentiert, daß durch die taktilen Umgangserlebnisse die Realität umfaßbar und begreifbar wird.[35] Er artikuliert so in Ansätzen schon 1957, was die neuere Fachdidaktik (Hartwig) mit dem Einsatz der ästhetischen

Praxis zur Realitätserfahrung meint. Doch wenn er aus den Oberflächenstrukturen, die z.B. bei der spielerischen Behandlung von Ton entstehen, aus formalen Zufälligkeiten elementare Gesetzmäßigkeiten entwickelt und zu einer „Grammatiklehre" in Bauhaustradition systematisiert, unterbindet er eine Reflexion über die Realität durch das Dazwischenschieben einer Formensyntax. Der Zusammenhang von Wahrnehmung, Erlebnis, Reflexion und Umsetzung durch die bildnerischen Mittel wird unterbrochen. Während also Wessels im Bereich der Umweltgestaltung noch vage auf den sozio-kulturellen Faktor als einen „ethischen Aspekt" hinweist, wird er innerhalb der Kunsterziehung ganz ausgeklammert. Die Grammatiklehre verselbständigt sich und eliminiert den Realitätsbezug. Das Tasten übernimmt keine erkenntnistheoretische Funktion.

Stellt man den gesellschaftskritischen Bezug nicht her, wird der sensibilisierte Mensch noch schlimmer unter seiner inhumanen Umwelt leiden und ist ihr, die er als unveränderbar erlebt, desto ohnmächtiger ausgeliefert. So ist etwa ein unkritischer, aber sinnenhaft leicht ansprechbarer Konsument das ideale Manipulationsobjekt für die Produktwerbung. Andererseits besteht ein Zusammenhang zwischen der Sensibilisierung für Materialqualitäten und sozialer Gegenstandswahrnehmung, da anhand der Erscheinung Natur und Geschichte ablesbar werden. Diese These läßt sich auch auf die Wahrnehmung von Subjekten übertragen, die sich ihrerseits durch bewußte oder unterbewußte Identifikation mit Materialien aufgrund von Signalen zum Gegenstand sozialer Betrachtung machen lassen und entsprechende Reaktionen hervorrufen.

Haptische Sensibilisierung sollte nicht isoliert betrieben werden. Sie dient der Erweiterung der Erfahrung, damit größerer Erkenntnis, auch der Unzulänglichkeit einer vom Menschen gestalteten, durch bestimmte gesellschaftliche Verhältnisse bedingten Umwelt, die es zu verändern gilt.[35]

7. Sinnlichkeit in der Isolation

Entsprechend dem „l'art pour l'art" in der Bildenden Kunst gab und gibt es in der Kunsterziehung die Auffassung, die Aufgabe der Kunsterziehung sei lediglich, die Schüler zu einer bildnerischen Klärung ihrer Vorstellung zu führen. Da der Mensch nur eine unklare Vorstellung von der Welt habe, müßte er diese „mit Hilfe der konkreten Form abklären, entwickeln, gliedern und strukturieren".[36] So sucht Staguhn, als Vertreter dieser Richtung, auch nicht eine der Situation entsprechende Darstellung der realen Dinge, sondern nur deren Verallgemeinerung: „Der Wahrnehmung und reaktivierten Erfahrung ist ein Moment der Abstraktion eigen, das das Besondere der Welt in Richtung auf Allgemeines vereinfacht."[37] Hier wird nicht zu bewußter Wahrnehmung der Umwelt hingeführt, sondern die Integration des Gegenstandes in eine – bereits vorhandene – bildnerische Ordnung angestrebt. Die bildnerische Realität wird gegenüber dem Erleben der primären Realität aufgewertet. Angestrebtes Ziel ist die „Faszination" über die Umwelt, die nur über die bildnerische Tätigkeit erreicht werden kann.

Die Verflechtung von Emotionen, subjektiven Wahrnehmungsweisen und Verhalten gegenüber sich selbst und der Umwelt wird nicht erkannt.[38] Statt dessen bleibt der Schüler auf verhängnisvolle Weise dem Bildnerisch-Formalen verhaftet. Nicht von ungefähr werden die visuellen Aspekte überbetont und der die Realität fassende haptische Bereich ebenso wie die anderen Sinnesgebiete vernachlässigt. Plastik wird unter „künstlerische Techniken" eingeordnet, nur rein formal als ein bildnerisches Verfahren gesehen, das nur „ganz bestimmte formale Entscheidungen zuläßt".[39] Die Fixierung auf formale Probleme bewirkt ein Übersehen der Zusammenhänge mit dem realen Leben. So führt Staguhn aus, daß „der Bereich des Plastischen, soweit er zur Kunsterziehung gehört, nicht in dem Maße in das

Leben des Menschen eingreift wie die Farben"[40] und artikuliert so seine irrige Auffassung von der Zusammenhanglosigkeit der haptischen Tätigkeit des Kindes mit dessen alltäglichem Leben.

Architektur, Technik und plastische Elementarformen werden in den Werkunterricht nur unter dem Aspekt des Funktionalen integriert und in der Kunsterziehung herrscht eine auf Formprobleme reduzierte Gestaltungslehre.[41] Folgerichtig geschieht auch die Wertung der bildnerischen Arbeiten nur danach, ob sie aus einer „inneren Anteilnahme, aus der eigenen Vorstellungswelt erwachsen sind". Wo dies nicht geschieht, sind Arbeiten „nicht angemessen gelöst" und wirken „kitschig".[42]

Daran wird deutlich, daß der Arbeitsvorgang für den Schüler nicht transparent wird, er somit auch nicht selbständig das Unterrichtsgeschehen mitstrukturieren kann und ganz von der subjektiven Meinung des Lehrers abhängt.

Weil das einzige Ziel die formale Umsetzung der realen Dinge nach bildnerischen Kategorien ist, wird eine Distanz zur Welt hergestellt, die bewirkt, daß das sozio-kulturelle und ökonomische Umfeld nicht in Erscheinung tritt. Somit wird bewußtes Erleben verhindert.[43]

8. Sinnlichkeit als Lustprinzip

Auf die Art und Bedeutung der frühkindlichen emotionalen affektiven Erlebnisse weist Erikson hin. Die „Erfahrung des Urvertrauens"[44] – die Grundeinstellung zu sich selbst und zur Welt – bestimmt und steuert das sensomotorische Verhalten der Reaktionen und Handlungen nicht nur des Kleinkindes. Die Sinnesempfindungen werden hier Basis für die Wahrnehmung der Umwelt und der Einstellung zu dieser. Es gilt, sinnliche Erfahrungen in positive Empfindungen eingebettet bereitzustellen, soll der Antrieb des Kindes zur Entfaltung und Auseinandersetzung mit der Umwelt gefördert werden.

Doch die Tabus, die in der Umwelt des Kindes schon von klein auf diese beschränken und einengen, wenn sie die Umwelt „begreifen" wollen, lassen gerade den Tastbereich nicht zum Erfahrungsfeld werden. So wird auch die Entwicklung einer Genußhaltung über das Tasten verhindert.

Die Verknüpfung von Tabu und Furcht lassen ein unbefangenes Verhältnis des Menschen zu sich selbst und seiner Tastbeziehung zum Objekt und zum Menschen nicht mehr zu. Seine Einstellung zur Umwelt wird entsprechend verkrampft und genußlos und damit entsinnlicht.

Sinnliches Erfahren und Erleben darf auch nicht nur auf bestimmte Altersstufen (Säuglings- und Kleinkinderstadium) beschränkt werden. Das Wort „sinnlich" meint hier nicht nur „sinnenhaft", sondern durchaus auch „lustvoll". Es ist an der Zeit, über die ästhetische Praxis auch im haptischen Bereich zu einer gezielten Entwicklung der Sinnlichkeit im Dienst einer lustvollen Realitätserfahrung zu kommen. Sinnlichkeit und Lust sollten auch im Kunst- und Werkunterricht nicht nur auf wenige Aufgaben beschränkt werden, die dann als Alibi dienen müssen für die Entsinnlichung des übrigen intellektualisierten, der Lust entbehrenden Unterrichts.[45]

Erst die ästhetische Praxis bietet dem Lernenden die Gelegenheit, sich über das Einbringen der eigenen Bedürfnisse und deren selbständige Realisation einen emotionalen Bereich zu schaffen, der ihm auch bei der Arbeit Libido vermittelt und damit Kraft, sich bewußt in den Lernprozeß einzubringen.

Bei einer einseitigen Ausbildung des intellektuellen und visuellen Apparates wird dem Menschen die Möglichkeit genommen, das Potential der Sinnlichkeit als Lust- und Erfahrungsquelle auszuschöpfen.[46] Einer Verarmung der Sinne entspricht eine Verarmung der Innen- und damit auch der Außenwelt, oder, wie schon Fröbel ausdrückt: „Die Sinne entsprechen den Zuständen der Außenwelt."[47] Die gegenseitige Abhängigkeit dieser lebensnotwendigen Vorgänge (Regelkreis) von bewußter Sinnlichkeit und Gestaltwahrnehmung, bzw. Gestaltung der Umwelt und menschlichem Befinden beginnt im Bereich der Tastwahrnehmung.

Im Zeitalter der Kunststoffe, der Materialimitation, der Gleichschaltung von Materialqualitäten und der Abwertung der Bedeutung haptischer Sinneserlebnisse für den Menschen ist die Verarmung im haptischen Bereich ebenso folgenreich für die Psyche wie das visuelle Erleben der gleichförmigen Umwelt aus dem Grau von Asphalt und Beton.

Libidinöse Formerfahrung wird in der Schule selten als solche thematisiert und reflektiert. Sie wird von Lehrern wie Schülern mehr oder weniger unbewußt erlebt und kann deswegen didaktisch nicht für die Zukunft nutzbar und abrufbar gemacht werden. Im allgemeinen wird sie in dem erlebten Augenblick von anderen schulischen Eindrücken so stark überlagert, daß der unbewußt bleibende Vorgang an Intensität verliert und verlorengeht. Hierhin gehört die Tatsache, daß Schüler oft dieselbe Arbeit, die sie in der Schule machen, in der Freizeit viel lieber durchführen, da dann die schulischen Störfaktoren ausgeklammert sind und die Schüler sich gelöst und offen dem libidinösen Vorgang widmen können.

In diesen Zusammenhang gehören negative Reaktionen der Schüler, wenn es darum geht, ein von ihnen geschätztes Objekt für eine Werkbetrachtung auszuwählen, da sie unbewußt fürchten, daß die emotionale Zuwendung gebrochen wird, die sie sich ja gerade erhalten wollen. Man sollte Schülern und Lehrern bewußt machen, daß Genuß und intellektuelle Erweiterung häufig in einem zwiespältigen Verhältnis stehen können, sofern der Lernende sich nicht emotional – und damit auch von seinem Interessenansatz her – in die Lernsituation einbringen darf.[48]

Grundsätzlich wäre zu fragen, welchen Bezug die Schüler dann überhaupt zu Objekten haben, zu denen sie keine emotionale Beziehung herstellen konnten. So betonte schon Heinig (ebenso auch Schwerdtfeger)[49] nicht nur die wichtige Funktion der psychisch-physischen Aktivität allein, sondern er hält sogar den Schaffensprozeß für wichtiger als das mögliche gute Ergebnis.[50] Die dabei entstehende Freude bezeichnet er nach L. Hoffmann und S. Gantschewa als „Glücksgefühle", „Wertigkeitserlebnis" bzw. „Fertigkeitserlebnis",[51] die diese unter existentiellen und therapeutischen Gesichtspunkten erörtert haben.

Der Einsatz von Materialien unter dem Aspekt der lustbetonten Sinnlichkeit, der Förderung des spielerischen Umgangs mit dem Material und Bereitstellung von Situationen, in denen Primärerfahrungen lustvoll erlebt werden können, sollte in den Unterricht eingefügt und realisiert werden.

Nicht von ungefähr weisen zahlreiche Aussagen von Bildhauern auf unsere Problematik hin. Dabei geht es nicht nur um gesellschaftliche Zwänge des Besitzes – wer besitzt, darf berühren –, sondern auch um Formen der lustbetonten Rezeption plastischer Objekte.

Herman Obrist, 1901:
„Ahnen doch viele Bildhauer, trotzdem sie immer mit der Hand modellieren, nicht, daß die Plastik auch Lustgefühle des Tastsinnes, Tastfreuden auslösen soll, entweder wirkliche oder suggerierte, und nicht bloß eine Kunst des bloßen Optisch-dreidimensionalen ist."[52]

Jaques Lipchitz, 1957:
„La sculpture c'est du soleil à la portée de la main (Plastik ist Sonne, die man mit Händen greifen kann). Ich hatte Gründe, das zu sagen: einmal, weil Plastik Wärme, Leben und Licht ausstrahlt, und zum anderen wollte ich mit à la portée de la main auf die Tastbarkeit von Plastik hinweisen."[53]

Claes Oldenburg, 1967:
„Ich bin für eine Kunst, die man wie eine Karte auffalten kann, die man wie den Arm eines Liebchens drücken oder wie ein Schoßhündchen küssen kann."[54]

... „etwas machen, was der Betrachter in die Hand nimmt, ein Objekt, mit den man spielt und dadurch belebt ..."[55]

Alle diese Zitate handeln von Sinnlichkeit, Lustgefühlen und emotionaler Zuwendung im Hinblick auf die plastische Gestaltung, die sich der Betrachter über die Tastwahrnehmung aneignen soll und die erst dann vollständig wird. Das Material spielt dabei eine wichtige Rolle.[56]

H. R. Jauss vertritt die These, daß das „genießende Verhalten durch Kunst die ästhetische Urerfahrung"[57] sei, die wieder Gegenstand theoretischer Reflexion werden müsse. Er kritisiert die Ästhetik der Negation, denn sie „will das ästhetische Vergnügen von aller emotionellen Identifikation reinigen, um es ganz auf ästhetische Reflexion, sensibilisierte Wahrnehmung und emanzipatorisches Bewußtsein zurückzuführen."[58]

Er weist darauf hin, daß erst über den kommunikativen, konsensusbildenden Prozeß der ästhetischen Erfahrung – also über die Identifikation – emanzipatorisches Bewußtsein entwickelt wird und von daher zu „Normen des Handelns" führen kann.[59]

Die Enstehung von Lust und Genuß hat Verlust an Distanz zur Folge und die bewußte Aufgabe von Distanz führt zum Gewinn von reflektierter Mitschwingungsbereitschaft. Lust und kognitives Lernen sind also sich notwendig ergänzende und gegenseitig befruchtende Faktoren in einem Lernprozeß, und ihre Verknüpfung sollte keinesfalls nur dem Zufall überlassen bleiben oder die Rolle von „Nebeneffekten" spielen.

So ist es nur die halbe Wahrheit, wenn wir in Richtlinien lesen: „Ästhetische Objekte sind nicht auf identifizierende Aneignung hin angelegt, ihre Rezeption verlangt ästhetische Distanz." Und an anderer Stelle: „Denn in der Reflexion, in der sich das ästhetische Urteil vorbereitet, stellt sich das Kunstwerk außerhalb der Affekte. Nur als bewußtes Ereignis unserer Intelligenz wird es ganz verstanden, und nur im Zustand des Urteils, der Theorie wirkt es überhaupt auf den Geist."[60] Immerhin wird eingeräumt: „Wenn es auch wahr ist, daß die Erfahrungen, die einer solchen Theorie vorangehen, nicht nur auf den Beobachtungen, sondern auf Affekten, auf Leiden und Genüssen beruhen (Bense)."[61]

Hoffmann-Axthelm begründet die lustbetonte Objektbeziehung anhand der unterschiedlichen Lernformen ästhetischen Verhaltens, die als Teilziele dienen. Voraussetzung zur Erreichung der Teilziele ist der Rückgang auf die infantilen Lernformen, die als „Erfahrungsfundus" an das aktuell Bearbeitete angebunden werden müssen.

„Während die Formalisiertheit der Gestaltungsdidaktik gerade im Interesse einer libidinösen Formerfahrung auf weniger formalisierte Tätigkeitsebenen (Streicheln, Greifen, Ausdrucksarten herkömmlicher Art an Gesichtern und Objekten, Blinduntersuchen von Formen und Flächen, Beziehungsbildung zwischen Bildform und Körpergefühlen usw.) hin aufzubrechen wäre, müßte andererseits das in äußeren Tätigkeiten materialisierte Ausagieren, wie es die aktionistische Kunstpädagogik herstellt, auf verinnerlichteren Ebenen, z.B. als Tätigkeit des Sehens, aber auch anderer Sinnessysteme, bemerkbar gemacht oder zu allererst eingeführt und wiederholt werden."[62] Drei Aspekte sind hierbei richtungsweisend:

1. „Das Insistieren auf der Notwendigkeit libidinöser Objekte ist darum nur sinnvoll, wenn zugleich die gesellschaftlichen Bedingungen jeglicher Triebbefriedigung vergegenwärtigt werden."

2. „Aufbau, Erschließung, Angewöhnung libidinöser Objekte läuft also nicht auf ungebrochenes naives, sondern didaktisch gebrochenes Genießen hinaus, und eben dies muß auch bewußt gemacht werden."

3. „Verknüpfung von Affekten und Begriffen." „Der richtige Weg läuft aber nicht (wie in der Visuellen Kommunikation oder im Aktionismus) über die affektive Besetzung richtiger Begriffe, sondern über die auf Begriffe durchsichtig werdende Politisierung von Affekten."[63]

Die Konsequenz aus dieser Konzeption würde auch bedeuten, daß sich verbale und nichtverbale Prozesse stärker als bisher gegenseitig durchdringen, und vor allem auch in den unterschiedlichen Schulstufen im Hinblick auf die ästhetische Praxis in einem ausgewogenen Verhältnis stehen müßten.

In den Richtlinien der Bundesländer ist zwar viel vom Selbstwertgefühl und der Ich-Stärkung die Rede, die Begriffe „Glück" oder „Glücksgefühl" haben aber noch keinen rechten Ort gefunden. Dies ist wohl darauf zurückzuführen, daß Emotionen in der Schule kaum vorausgesetzt oder gar hinterfragt werden.

Der emotionale Teil wird schon durch eine gute Motivation als abgedeckt betrachtet; wenn die Arbeit darüber hinaus auch noch Spaß macht, wird dies als erfreuliche Begleiterscheinung zur Kenntnis genommen, die lediglich für das Thema und die Initiation spricht. Die Entwicklung von Glücksgefühl als Unterrichtsinhalt wird auf Kosten vorwiegend kognitiver Ziele unterdrückt.

Die Visuelle Kommunikation hat zahlreiche Analysen über die Ausbeutung der Sinnlichkeit und Lust vorgestellt. Wurde dies hier vorwiegend für visuelle Medien geleistet, so kann dies bei entsprechend sensibilisierter, differenzierter Wahrnehmung auch für den haptischen und andere sinnliche Wahrnehmungsbereiche geleistet werden. Erst die Fähigkeit, die primäre Realität lustvoll zu erleben, macht immun gegen Manipulationsversuche und entlarvt die Surrogate etwa im Bereich der Werbung, die wirklichen sinnlichen Genuß nur vortäuschen und versprechen, doch nie erfüllen.[64]

Da es Lustgewinn aus erster Hand in der Schule fast nie gibt, wird die erwünschte Symbolaneignung durch einen ständigen Motivationsmarathon seitens des Lehrers mehr schlecht als recht erreicht. Hier lassen sich auch Vergleiche zu den Methoden der Werbung herstellen, bei der der Konsument statt primären Lustgewinn sich als Ersatz nur das Lust versprechende Produkt erkauft. Die „Motivationshilfen" des Lehrers (Lustgewinnversprechen aus 2. Hand) verlieren den oberflächlichen Reiz sehr schnell, wie aus der Praxis bekannt ist. Sie belassen den Schüler letztlich in einer vom Lehrer abhängigen Konsumentenrolle, wobei der Lehrer immer neue Erfindungen ersinnen muß, wie er sein entsinnlichtes „Überangebotswarenlager" an überdrüssige, weil übersättigte Schülerkonsumenten absetzen kann. Lehrer und Schüler verhalten sich hilflos und stereotyp in der passiven Wahrnehmung ihrer Situation.

9. Haptische Wahrnehmung als Therapie

Im Kunstunterricht sollte man unterscheiden zwischen den „sachorientierten ästhetischen Unterweisungsformen, d.h. der pädagogischen Arbeit am ästhetischen Stoff" und den „subjektorientierten, pädagogisch-therapeutisch ausgerichteten Arbeitsformen mittels ästhetischer Materialien, Operationen und Motive".[65]

Bei dem subjektorientierten, therapeutischen Ansatz liegt der Schwerpunkt auf dem Medium. Die Therapie besteht im „Initiieren und Lenken sozialer Lernvorgänge bzw. Korrektur gestörter oder unterentwickelter Fähigkeiten und der Aktivierung des Individuums". Obwohl die Bedeutung sinnlicher Wahrnehmungen und Erfahrungen durch die Nahsinne für seelisch kranke Patienten kaum überschätzt werden kann, haben wir noch nicht einmal angefangen, danach zu fragen, wie man dieses Phänomen therapeutisch auch in der Pädagogik nutzbar machen könnte. Der therapeutische Aspekt – gern beiseite geschoben und diffamiert in dem Begriff „Beschäftigungstherapie" innerhalb des Kunstunterrichts – hat an Aktualität nicht verloren und sollte in verstärktem Maße Eingang finden in didaktische Überlegungen.[66] Bisher wird der Aspekt nur in den Richtlinien für lernbehinderte Kinder unbefangen in didaktische Strukturen eingebunden.[67] Wer sich in der Praxis einigermaßen auskennt, weiß aber aus Erfahrung, daß lern- und verhaltensgestörte Kinder scharenweise auch die normale Schulbank drücken.[68] Auch der schulische Alltag – und das gilt auch für weiterführende Schulen – muß um den therapeutischen Aspekt erweitert werden. Die Notwendigkeit eines sozial-therapeutischen Ansatzes innerhalb der Schule ergibt sich aus der pädagogischen Entwertung der Funktionen der Familie und in der zeitlichen Ausdehnung der Schule.[69]

Allgemeine pädagogische Ziele wie soziales Lernen und Kommunikationsfähigkeit, Ichstärkung, Konfliktbewußtsein und -bewältigung,[70] die auch im ästhetischen Bereich über die fachbezogene Didaktik hinaus gelten, lassen sich nicht erreichen, da die Schüler schon vor Eintritt in die Schule ausdrucks- und kommunikationsgestört sind. Schon hier muß der Lehrer mit pädagogisch-therapeutischen Mitteln auf den Schüler einwirken. In diesem immerwährenden Prozeß der Verhaltensänderung und der Verhaltenseinübung ist Verhalten nur durch die Handlung zu veranschaulichen, die unter Mitsteuerung des Lehrers, also ,,Behandlung" im weitesten Sinne verknüpft ist: Eine Öffnung der Fachdidaktik zur Therapie hin wäre demnach eine sinnvolle Erweiterung im Sinne auch der ästhetischen Erziehung. Johannes Euckers Forderung, in der didaktischen Konzeption des Faches Kunst- und Werkerziehung den therapeutischen Aspekt auszuklammern, muß nachdrücklich widersprochen werden.[71] ,,Spaß, Erfolgserlebnis und Entspannung" sind mehr als nur ,,Nebeneffekte" (Eucker) des Unterrichts, sie sollten bewußt auch unter therapeutischen Aspekten eingeplant werden. Der Begriff ,,Nebeneffekt" assoziiert fehlende Absicht und Zufälligkeit, die natürlich nicht unterrichtliche Vorhaben begründen können.[72] Der im Unterricht vernachlässigte haptische Bereich ist besonders geeignet, lustbetonte und damit auch therapeutisch wirksame Form- und Arbeitserfahrungen zu machen.

Kinder und psychisch Kranke, die ihrem Fernsinn viel weniger trauen als normale Erwachsene, müssen ihre Finger über das Material gleiten lassen, um es zu ertasten. Die Aufnahme von Informationen wird wesentlich erleichtert, wenn sie nicht nur über den visuellen, sondern gleichzeitig auch über den haptischen Kanal erfolgt. Diese Erkenntnis ist besonders für die Behindertenpädagogik von Bedeutung. Tastempfindungen sind besonders wichtig für Menschen, die den Kontakt mit der Umwelt verloren haben und die Fähigkeit, Kontakt herzustellen, erst wieder erlangen müssen.[73]

Allein den Kindern die Möglichkeit zu geben, bei der herrschenden kognitiven Überbeanspruchung und der visuellen Reizüberflutung taktilmotorisch tätig zu sein und somit ein pädagogisch vernachlässigtes Primärbedürfnis zu erfüllen, ist schon eine – notwendige – Therapie.

In dem Prozeß der Bearbeitung und Verarbeitung der alltäglichen Wirklichkeit bekommt die ästhetische Praxis darüber hinaus die Rolle zugewiesen, Material zur Reflexion bereitzustellen, die auf unterschiedlichen Ebenen durchgeführt werden sollte. Die benutzten Mittel übernehmen dabei eine wesentliche Funktion, da sie zur Veranschaulichung und Interpretation gezielt eingesetzt werden können. Jedoch sollten sie nicht ein formales Korsett darstellen, in das die Themen eingeschnürt und somit vorgeformt werden. Sache der Fachdidaktik bleibt es also, die ideologiekritische Absicherung der Inhalte mit den therapeutischen Maßnahmen zu vereinbaren.[74]

Die ästhetische Erziehung hat im therapeutischen Bereich eine wichtige, wenn auch begrenzte Funktion. Künstlerische Prozesse dienen der Realisation autobiographischer Erfahrungen, der Konflikte, Ängste und Wünsche des Individuums. Kunst dient als Gleichnis für die Ich-Funktionen, als eine Art Schutzgebiet, in dem neue Einstellungen und Empfindungen ausgedrückt und ausprobiert werden können, ehe solche Anstrengungen im täglichen Leben möglich werden.

Die vom Lehrer bewußt angestrebte Förderung des Ichs im Bereich der ästhetischen Erziehung trägt zum allgemeinen Reifungsprozeß bei und bewirkt positive Änderungen in der Persönlichkeit.[75]

Die individuellen Probleme und Konflikte sind jedoch weitgehend gesellschaftlich bedingt und im privaten ästhetischen Prozeß zwar zu artikulieren, doch nicht zu lösen.

10. Haptisch-motorische Spiele als Auslöser für lustbetonte Interaktionen

Bei den Paed-Aktionen der ehemaligen „KEKS"-Gruppe (heute: Päd. Aktion e.V.) wurde versucht, Interaktionen durch haptische Spiele anzuregen und zu intensivieren. In Sammelaktionen zusammengetragenes Material aus wertlosen Industrieabfällen und vorgefertigten Teilen, das somit nicht mit Tabus belegt war, förderte spontanes und entspanntes Hantieren, regte zu spielerischen haptischen Erfahrungen an und ließ die Kinder neue Spielabläufe erfinden.[76]

Während die Kleinen im Umgang mit dem Material elementare Erfahrungen machten, diente bei den größeren Kindern ab 10 Jahren das Material als Medium für kommunikative Zwecke und soziale Interaktion, die teilweise durch Spielprogramme gesteuert wurden. Bei körper- und materialbetonten Aktionen wurden z.B. Papierkleider getragen, um den Kindern auch ein anderes und damit bewußtwerdendes Körpergefühl zu vermitteln. In diesen Aktionen stecken vielfältige Ansätze, den Umgang mit Dingen und Personen im Hinblick auf haptische Bedürfnisse zu fördern und auch zu problematisieren.

Da Aktionen kaum unter das herkömmliche Leistungsprinzip fallen, sind sie vom didaktischen und methodischen Einsatz her ein sinnvoller Weg, Zugang zu den Schülern, zu ihren subjekt- oder objektbezogenen Affekten zu finden. Weiterhin kann dabei unterdrückte Motorik während des Schulalltags wieder freigesetzt und aktiviert werden. Da das Material bei Aktionen vorwiegend lustbetont und prozeßorientiert eingesetzt wird, läßt sich eine größere Offenheit des Schülers gegenüber dem Material und seinen konstruktiven bzw. destruktiven Verwendungsmöglichkeiten her beobachten, wobei hier der Zerstörung nichts Negatives anhaftet.

Das bewußte Ertasten von Materialien verschafft Befriedigung. Einmal wegen der unmittelbar gegebenen Sinnlichkeit, zum anderen weil diese Art der Erkundung ein anderes Verhalten erfordert als bei kognitiven Prozessen.[77] Das intellektuelle Gefälle zwischen den Schülern gleicht sich aus bei dieser Exploration, da das Selbstwertgefühl des „schlechten Schülers" gehoben wird. Derartige Unterrichtsphasen haben somit eine sozialisationsfördernde Funktion, die sich auch einplanen läßt.

11. Sinnlichkeit als Motor individueller und gesellschaftlicher Emanzipation

Genußfähigkeit zu entwickeln ist ein Ziel der Erziehung, doch gilt es die beiden Faktoren menschlichen Genießens nicht aus den Augen zu verlieren: den Genießenden selbst und das zu genießende Objekt. Führt der Genuß nur auf das Objekt zurück – „ich genoß nicht nur, sondern fühlte und genoß auch den Genuß"[78] – so entsteht aus Selbstgenuß nur Selbstgenügsamkeit. Der glückliche Hedonist befriedigt sich selbst und vergißt den Gegenstand und seinen gesellschaftlichen Zusammenhang. Der erkenntnistheoretische Aspekt wird verdrängt. Das Selbsterlebnis der bewußten Genußfähigkeit sollte das primäre Erlebnis sein, das Lernprozesse auslöst und den Anstoß gibt zu bedürfnisorientiertem Lernen und Handeln: Sinnliche Erkenntnis als Basis.[79] Es ist also vornehmlich Aufgabe des Lehrenden, sorgsam Zonen in Lernprozesse einzuplanen, die individuelle Affekte im Genuß ermöglichen, die dann durch unterschiedliche Reflexionsformen innerhalb der ästhetischen Erziehung problematisiert werden. Doch liegt die Schwierigkeit darin, daß in der Schulsituation der Bedingungsrahmen selbst entsinnlicht ist. Es kommt darauf an, Schülern die Gelegenheit zu verschaffen, zu erfahren, was für sie genußvoll sein kann. Die Fähigkeit zum Genuß ist als Folge schon der Erziehung im Elternhaus stark verkümmert, und entwickelt sich erst wieder im eigenen Tun der Kinder. Sie wird ausgelöst und angeregt durch Materialien, die in die sterile Lernumgebung ein Stück Vitalität hineinbringen. Es geht also darum, über den selbsterfahrenen echten oder unechten Genuß das Genießen selbst zu reflektieren, ihn bewußt und für die „Wirklichkeitsautopsie" (Marcuse) bereit zu machen. Nicht der Genuß ist abzulehnen, sondern sein Einsatz zur Vermarktung des Menschen, sein antiemanzipatorisches Vorzeichen.[80]

Erst eine vollentwickelte Sinnlichkeit des Menschen, die sich allerdings nur in dialektischem Prozeß mit gesellschaftlichen Veränderungen entwickeln kann, schafft die Möglichkeit voller Emanzipation. Sie ist gleichzeitig Voraussetzung für Imagination, die über die Projektionen gegenwärtiger Erfahrungen hinausweist.

Diese Imagination ist im ästhetischen Objekt schon hier und heute im Ansatz realisierbar. So ist Kunst „eine Art Eichmaß für eine freie Gesellschaft mit menschlichen Verhältnissen", die nicht mehr durch den „Markt vermittelt sind".[81]

Bei fehlender Sensibilität zur Wahrnehmung der Objekte in ihrer sinnlichen Bedeutung für den Menschen verkümmert die Phantasietätigkeit, und eine Antizipation für bessere menschliche Verhältnisse wird unmöglich gemacht. Eine entwickelte Sinnlichkeit und emanzipatorisches Bewußtsein hängen gegenseitig voneinander ab und sind Antrieb für die Entwicklung einer besseren Welt.

12. Theorie und Praxis der haptischen Wahrnehmung in den Curricula

Die aktuelle Kunstdidaktik hat wieder überzeugend auf die Bedeutung der ästhetischen Praxis im Kunstunterricht und auf deren Notwendigkeit und Funktion bei der Bewältigung des alltäglichen Lebens hingewiesen.[82] Der Schwerpunkt liegt dabei jedoch nach wie vor auf der Praxis des Zeichnens. Der Tastwahrnehmung wurde bisher in der Kunstdidaktik nur vereinzelt Aufmerksamkeit geschenkt. Neben der vollständigen Vernachlässigung einer theoretischen Grundlage bleiben Beispiele zur ästhetischen Praxis im haptischen Bereich lediglich Randerscheinungen, die keineswegs den gleichen Entwicklungsstand aufweisen wie der visuelle Bereich. Sie haben keinen Bezug zum sozialen und ökonomischen Umfeld und sind noch ganz im „Bildnerischen Denken" verhaftet. Hingegen hat die Praxis im Werkunterricht (Technologie, Umweltgestaltung, Design), wie zahlreiche Veröffentlichungen zeigen (Wessels, Mehrgardt, Klöckner, Kaul, Speer, Sellin u.a.), eindeutige Funktionen zugewiesen bekommen. Die Gründe liegen in unterschiedlichen Entwicklungen der Kunstdidaktik.[83] Haptische Tätigkeiten wie Modellieren und Konstruieren erhielten ihren Platz im Werkunterricht, ihnen wurde sogar eine konkrete gesellschaftsbezogene Funktion unterlegt.[84] Im Hinblick auf die Praxis des Werkunterrichts und ihren Bezug zur Realität sagt Ebert: „Der Wirklichkeitsbezug braucht nicht erst mühsam hergestellt zu werden, da uns solche einfachen Werkvorgänge als berufspraktische und häusliche Verrichtungen begegnen."[85]

Im Fach Kunst ist dieser Bezugspunkt noch nicht klar herausgearbeitet und verbleibt, wie sich aus den unterschiedlichen Richtlinien der Bundesländer ablesen läßt, werkimmanent. Er führt zurück zur Kunst und damit zu den sogenannten „bildnerischen Mitteln". Bei der Lösung der Kunstpädagogik Ende der 60er Jahre von der traditionellen

"Musischen Erziehung", aktualisiert durch die Notwendigkeit, das Fach Kunst dem Fächerkanon innerhalb der Schule zu erhalten, wurde es notwendig, die Funktion des Faches im Hinblick auf den wissenschaftlichen Anspruch der übrigen Schulfächer zu klären. Daß hierbei die Theoriebildungen der Visuellen Kommunikation gegenüber der ästhetischen Praxis wichtiger zu sein schienen, ist einleuchtend. Während dieses Prozesses hat nun die jüngste Kunstdidaktik wieder auf die Bedeutung der ästhetischen Praxis im Kunstunterricht hingewiesen und überzeugend deren Notwendigkeit und Funktion bei der Bewältigung des alltäglichen Lebens herausgestellt.[86] Der Schwerpunkt lag dabei jedoch weiterhin auf der Praxis des Zeichnens, der haptische Bereich blieb auch hier ausgeklammert.

Die Forderungen der neueren Fachdidaktik an einen emanzipatorischen Kunstunterricht werden hier als Maßstab für den haptischen Bereich noch einmal aufgeführt:

— Aneignung von Wirklichkeit,
— Hilfe bei der Identitätsbildung, Ichstärkung und Sozialisation,
— Sensibillsierung von sozialer Gegenstandswahrnehmug,
— Entwicklung von Fähigkeit zum Genuß
— Ausbildung der Widerstandsfähigkeit des Subjekts gegen seine Verwertung.

Bei einer Durchsicht der Richtlinien und der Empfehlungen der unterschiedlichen Bundesländer zur Primar- und Sekundarstufe I und II wird der Bereich haptische Kommunikation unterschiedlich stark vertreten, im Zuge der Visuellen Kommunikation sogar ausgeklammert.[87] Ein Blick in die Curricula der Bundesländer zeigt, daß die haptische Gestaltung im Kunstunterricht weitgehend in werkimmanenten Strukturen verbleibt, ihren Bezug nur aus der jeweiligen Kunstrichtung ableitet und Beispiele aus anderen Kulturen einbezieht, ohne jedoch kulturgeschichtliche Aspekte zu problematisieren.

Die folgende Tabelle gibt einen zusammenfassenden Überblick über Unterrichtsziele im Bereich des haptischen Gestaltens aus verschiedenen Bundesländern.[88]

Sensomotorik
Bedürfnis nach motorischer Betätigung durch Umgang mit Materialien befriedigen.

Offenheit, Neugier
Neugierverhalten in bezug auf Eigenschaften, Spiel- und Gestaltbarkeit unterschiedlicher Materialien entwickeln.

Emotion, Freude
Freude am Umgang mit Materialien vermitteln.

Vorurteil, Tabus
Schmutzschranken, Hemmungen und Tabus im Hinblick auf Materialien abbauen helfen.

Erkenntnis, Sinnliches Primärbedürfnis
Vermittlung von Tasten als sinnlichem Primärbedürfnis und Sehen als sich gegenseitig ergänzende Verfahren, sich die Realität anzueignen, zu reflektieren und zu genießen und um zu Empfindungen und Überzeugungen zu gelangen, die einen wesentlichen Teil der Erfahrungen ausmachen.

Fähigkeit, Fertigkeit, Genuß, Kritik
Differenzierung der haptischen Wahrnehmungsfähigkeit und ihres begrifflichen Repertoires mit dem Ziel gesteigerten Wahrnehmungsgenusses und gesteigerter Wahrnehmungskritik.

Sozialbezug, Kreatives Verhalten
Unmittelbare Zugangsmöglichkeiten zu haptisch erfaßbarer Wirklichkeit und zu den materiellen, ästhetischen und sozialen Aspekten der Umwelt bereitstellen, um zu einem bewußten und engagierten Verhalten gegenüber der Umwelt zu befähigen.

Fertigkeit, Kenntnis
Zu Fertigkeiten und Kenntnissen im Umgang mit formbaren und vorgeformten Materialien führen.

Sensibilisierung
Körperliche Empfindungen gegenüber Materialien sensibilisieren.

Selbsterfahrung, Fremdwahrnehmung
Reflexionsvermögen gegenüber den eigenen Empfindungen und den Empfindungen anderer entwickeln.

Verbalisierung
Artikulationsbereitschaft im Hinblick auf die Erfahrungen entwickeln, die bei der Tastwahrnehmung gemacht werden.

Individualbezug, Sozialbezug
Fähigkeit zum Empfinden, Wahrnehmen, Fühlen und Denken entwickeln und in Beziehung zueinander, zu sich und zu anderen setzen.

Erkenntnis, Gesellschaftliche Verwertung
Einsicht entwickeln, daß in Werbung, Dekoration und anderen Verwertungszusammenhängen mit Effekten der Materialimitation und Haptifizierung von Oberflächen bei Objekten, bildnerischen Darstellungen und optischen Medien gearbeitet wird.

Im Gegensatz zu den oben angeführten Lernzielen, die immerhin schon einen Ansatz zu differenzierter Lernzielorientierung bieten, sind die in den Curricula aufgeführten Unterrichtsinhalte bzw. Unterrichtsthemen kaum geeignet, über werkimmanente Sachverhalte und „naiven Genuß" hinaus zur Reflexion über sich und die Umwelt zu führen.
Auffallend ist weiterhin die Tatsache, daß der Bereich Tastwahrnehmung auf die Primar- und Sekundarstufe I beschränkt wird und in der Sekundarstufe II daran nicht angeknüpft wird. Daraus wird ersichtlich, daß zwar der visuelle Bereich in der Sekundarstufe II kontinuierlich weitergeführt, hingegen die Tastwahrnehmung nicht weiter aufgearbeitet wird. Es ist also Aufgabe der Didaktik, die Wichtigkeit dieses Gebietes für alle Schulstufen zu begründen und zu thematisieren.

Anmerkungen

1. Vgl. Wessels, a.a.O., S. 12.
Wessels zitiert in seinem historischen Abriß über das 19. Jh. Scherer von 1902: „Wie durch die körperliche Darstellung die Schüler genötigt sind, den Gegenstand der Darstellung allseitig und bestimmt, nicht bloß mit dem Gesichtssinn – sondern auch mit dem Tast- und Muskelsinn aufzufassen und so von ihm sich eine klare und deutliche Vorstellung zu bilden, so kann er durch sie auch allein diese Vorstellung in der vollkommensten und konkretesten Weise wieder veräußerlichen; hier, und zwar in Verbindung mit Zeichnung und Sprache, haben wir die vollkommenste Veräußerlichung der Gedanken und die beste Prüfung auf also richtige Erfassung und daher auch in dieser Hinsicht ein vorzügliches Mittel der geistigen Bildung." Wessels, a.a.O., S. 21.

2. Comenius, Die große Didaktik, S. 38. Vgl. dazu Simone de Beauvoir. „. . . der Mensch aber hat ein vordringliches Interesse an der Substanz der natürlichen Welt, von der er umgeben ist und die er in der Arbeit, im Spiel und bei allen Erfahrungen seiner ‚dynamischen Phantasie' zu entdecken versucht; der Mensch hat das Bedürfnis durch das Medium der gesamten Welt, die er auf jede Weise aufzunehmen versucht, zur Existenz zu gelangen. Die Erde formen, ein Loch graben, sind ebenso ursprüngliche Aktionen wie die Umarmung, der Coitus . . ." de Beauvoir, a.a.O., S. 57.

3. ebd., S. 40.

4. ebd., S. 136.

5. Johann Gottfried Herder, Plastik. Einige Wahrnehmungen über Form und Gestalt aus Pygmalions bildendem Traume.
Auf das Zusammenwirken von visuellem und haptischem Sinn und die Einheit von Theorie und Praxis weist Goethe in der V. Römischen Elegie hin.

6. Rousseau, Emile, S. 304. An anderer Stelle geht Rousseau ausführlich auf die erkenntnistheoretische Funktion des Tastsinns ein: „Dagegen vermittelt der Tastsinn die sichersten Erkenntnisse, weil sie eben am begrenztesten sind; da sie nur so weit gehen können wie unsere Hand zu greifen vermag, gleichen sie die Irrtümer unserer übrigen Sinne aus, die sich auf etwas richten, was sie kaum erfassen können, wogegen der Tastsinn das, was er erfaßt, richtig erfaßt. (. . .) So ist der Tastsinn von allen anderen der, der uns am besten über die Eindrücke fremder Körper auf den unseren unterrichtet, auch der am häufigsten gebrauchte und liefert uns am unmittelbarsten die zu unserer Selbsterhaltung notwendigsten Erkenntnisse." S. 300 f.

7. Vgl. Hartwig, a.a.O., S. 64.

8. Hoenisch/Niggemeyer/Zimmer, a.a.O. S. 226. Vgl. hierzu auch: Bayerisches Staatsministerium für Unterricht und Kultus (Hrsg.), Der Übergang vom Kindergarten zur Grundschule. Richtlinien für den Elementarbereich, Donauwörth 1974.

9. Rousseau, Emile, S. 289.

10. Maria Montessori, Die Entdeckung des Kindes, S. 164.

11. Fröbel, a.a.O., S. 132. Eine gute Analyse dieser Problematik bringt Hoffmann-Axthelm, Lernformen ästhetischen Verhaltens, in: Hartwig, Sehen lernen, S. 269.

12. Pestalozzi, Wie Gertrud ihre Kinder lehrt, Paderborn 1961.

13. Hugo Kükelhaus entwickelte ein Versuchsfeld zur Organerfahrung, eine Ausstellung und Veranstaltung, die seit 1975 von der Internationalen Handwerksmesse München ausgehend durch deutsche und schweizer Städte wandert. Das Aktionsfeld besteht aus über 40 Einzelstationen – Versuchsobjekte, Geräte, Versuchs- und Spielräume –, an denen durch eigene Aktion Funktion und Erlebnis der menschlichen Organe erfahren und physikalische Phänomene sinnlich erlebt werden können. Der Mensch soll so – ganz im Sinne Goetheschen Denkens – die Einheit des Leibes mit dem Gesetz des Kosmos erfahren, sich dessen bewußt werden, um wieder fähig zu sein, sich in die universale Gesetzlichkeit einzuordnen. Vgl. hierzu auch H. Kükelhaus, Organismus und Technik; ders., Erfahrungen. Handbuch zum Versuchsfeld zur Organerfahrung; ders., Unmenschliche Architektur. Von der Tierfabrik zur Lehranstalt.
Zur Sensibilisierung und zur Bewußtmachung der Tastempfindungen (die normalerweise unbemerkt bleiben) und des eigenen „Tastmusters" finden wir viele Beispiele und Übungen im ganz praxisbezogenen Buch von Lise Liepmann (Sehen, hören, riechen, tasten. Das Kind und die Welt der Sinne). Ihr Ziel geht jedoch über eine Daseinsbereicherung nicht hinaus. Ähnlich plädiert auch Gisela Schmeer für „Sinnestüchtigkeit". Sie spricht vom „glanzlosen Leben" als Folge des rationalen Intellektualismus und weist hin auf die erfolglose Suche nach dem „verlorenen Sinnesparadies" im Drogenrausch.

14. J.J. Rousseau, Emile oder über die Erziehung, S. 276.
Albert Einstein erkannte den Zusammenhang zwischen Sensibilität und Intelligenz und damit zu Intuition und Kreativität, wenn er 1947 in einem Brief an Max Born schrieb: „Immerhin kann ich mich auf kein logisches Denken berufen um meine Überzeugungen zu verteidigen – es sei denn mein kleiner Finger, alleiniger und schwacher Zeuge einer zutiefst in meiner Haut verankerten Einsicht."
Dazu Hugo Kükelhaus: „Nicht das Gehirn denkt, sondern der mit Haut und Gliedern erlebende Mensch." Hugo Kükelhaus, Organismus und Technik, S. 24.
Auf die Bedeutung der Sensibilität im Hinblick auf die Anforderungen der modernen Physik macht Robert Oppenheimer aufmerksam: „Auf der Straße spielen Kinder, die einige meiner dringlichsten physikalischen Grundsatzprobleme lösen könnten, weil sie über eine Form der Sinneswahrnehmung verfügen, deren ich seit langem verlustig gegangen bin."

15. Rousseau, a.a.O., S. 289.

16. Rousseau, a.a.O., S. 208.

17. Rousseau, a.a.O., S. 289.

18. „Oder man kann die ganze Klasse die Hände auf den Rücken legen lassen, jedem Kind ein Blatt von einer Pflanze darein legen und sie durch das Gefühl erraten lassen, von welcher Pflanze es sei..." Christian Gotthilf Salzmann, a.a.O., S. 36.

19. Wessels, a.a.O., S. 21.

20. Maria Montessori, Die Entdeckung des Kindes, S. 112.

21. Ebd., S. 161 ff.

22. Rosseau, Emile, S. 161. Ähnlich äußert er sich an anderer Stelle: „Die Sinne üben, heißt nicht nur sie gebrauchen, sondern lernen, durch sie alles wohl abwägen und beurteilen..." S. 289.

23. Lietz, a.a.O., S. 185.

24. Lietz, a.a.O., S. 16.

25. Lietz, a.a.O., S. 31.

26. Auf diese Weise krankt das Fach Werken an fehlendem Selbstverständnis, wie z.B. in NW die Auflösung der Werkseminare anzeigt, die den Anforderungen eines technisch orientierten Seminarbetriebs nicht nachkommen konnten.

27. Klöckner, a.a.O., S. 194.

28. Mehrgardt, a.a.O., S. 52.

29. Mehrgardt, a.a.O., S. 42.

30. Vgl. dazu Ebert, Zur Didaktik der Werkerziehung, in: Ansätze zur Werkdidaktik seit 1945, S. 135, und Wessels, Neue Forderungen an die Werkerziehung, in: Ansätze zur Werkdidaktik seit 1945, S. 171.

31. Röttger, Das Spiel mit den bildnerischen Mitteln Bd. II, Ravensburg 1960.

32. Ebenso schließt sich Heinig der Gestaltungslehre an, wobei deutlich wird, daß die ästhetische Praxis des Schülers kaum der Selbsterfahrung dient und Realitätsbezüge hinterfragt, sondern zu einem besseren Verständnis der Kunstszene führen soll. Jedoch weist er auf die Problematik der Gestaltungslehre hin, indem er Stellungnahmen von Otto und Cuvay einbezieht, die sich gegen die Studiensystematik stellen, die von Schwerdtfeger und Röttger auf den allgemeinbildenden Schulen angewendet wurde, da „sie zur Isolierung gegenüber dem Eigenschaffen und dessen Aussagecharakter führe" (Cuvay), und „daß sie die Auseinandersetzung mit der Kunst als Phänomen verhindere" (Otto). Heinig, a.a.O., S. 26.
So hinterfragt auch Gunter Otto nicht die Bedeutung seiner Themen für die Schüler. Der Schwerpunkt liegt auf dem Kennenlernen von Verfahren und Techniken. Entsprechend sind auch seine Beispiele zur Plastik lediglich von der Formenlehre her geordnet.

33. „Am Bauhaus ließ ich zur taktilen Beurteilung der verschiedenen Texturen lange chromatische Reihen von realen Materialien anfertigen. Die Schüler mußten diese Texturfolgen mit den Fingerspitzen bei geschlossenen Augen erfühlen. Nach kurzer Zeit verbesserte sich das Tastgefühl in erstaunlichem Grad. Darauf ließ ich Texturmontagen aus konstrastierenden Materialien machen. Es entstanden phantastische Gebilde von damals völlig neuartiger Wirkung." Johannes Itten, a.a.O., S. 47.

34. Bodo Wessels, a.a.O., S. 80.

35. „In seinem Angriff auf die Natur will es (das Kind) die Dinge nicht nur mit dem Auge aufnehmen. Es will sich von der Realität überzeugen. Die Hand will umfassen und umgreifen. Auch zur Stärkung dieser Erfahrungen ist das Modellieren durchaus geeignet." Schwerdtfeger, a.a.O., S. 75.

36. Kurt Staguhn, a.a.O., S. 30.

37. Ebd., S. 34, vgl. auch S. 47.

38. Vgl. Richter, a.a.O., S. 42.

39. Staguhn, a.a.O., S. 281.

40. Staguhn, a.a.O., S. 281.

41. Für die Grundschule lehnt Staguhn „die Lehre der bildnerischen Kategorien des Plastischen" ab, jedoch nicht, weil er sie kritisch durchleuchtet, sondern nur auf Grund des Schwierigkeitsgrades. Er geht davon aus, daß die Schüler sich „intuitives Wissen praktisch im Zusammenhang mit ganz bestimmten bildnerischen Problemen" erarbeiten. Der Schüler der Mittel- und Oberstufe wendet sich nach Staguhn eher gegenständlichen Aufgaben zu.
Für die Primar- und Unterstufe setzt er ein Desinteresse an dem Gegenstand voraus. Falls es während der Pubertät dennoch dazu kommt, soll der Wunsch nach dem „optisch-erscheinungsrichtigen Zeichen" durch bildnerische Verfahren abgeblockt werden. Er folgert beim Vorgang des Machens: „Der Vorstellung entsprechend werden die Formen (plastische Formen, d. Verf.) sich von der natürlichen optischen Erscheinung der thematisch geforderten Objekte entfernen. Sie werden prägnanter sein im Sinne des Erlebens und des umfassenden gesamtsinnlichen Erfahrens." Staguhn, a.a.O., S. 281.

42. Staguhn, a.a.O., S. 285.

43. Da Gegenstände aber sinnlich nicht – wie bei den Vertretern dieser Richtung vorausgesetzt wird – nur „an sich" wahrgenommen werden, sondern immer mit ihrem sozialen und ökonomischen Umfeld zugleich, ergeben sich daraus für den Unterricht bestimmte Folgerungen. Anders als beim Denken in Begriffen, stellt der Schüler bei praktischer Tätigkeit am konkreten Objekt in einer bestimmten Situation von sich aus eine Beziehung zu diesen her. Von hier aus lassen sich Zusammenhänge strukturieren, die zu einer vielseitigen Wahrnehmungs- und Reflexionsebene führen. In diesem Zusammenhang sollte dann auch der Sprachgebrauch durchleuchtet werden und die sinnliche Wahrnehmung problematisieren. So sollte auch im Unterricht die Tastwahrnehmung zur Untersuchung der Beschaffenheit der Umwelt eingesetzt werden, wobei Material und Umfeld als Reizauslöser zu Fragestellungen führen, die sich auf das alltägliche Leben beziehen und auf den Stellenwert des Objektes innerhalb bestimmter Konstellationen. Vgl. hierzu das Kapitel „Die Untersuchung einer Produktform und ihrer sinnlichen Wirkung", S. 72 ff.

44. Vgl. Erikson 1953, a.a.O., S. 15.

45. „Vielleicht sind wir noch immer durch unsere puritanische Erziehung (gemeint ist die amerikanische Erziehung) vorbelastet, die uns sagte, daß Empfindungswahrnehmungen im wesentlichen emotioneller und sexueller Natur sind, daß Sex Vergnügen bereitet, aber Arbeit nicht; daß Arbeit der ‚Fluch Adams' ist. Darum

müsse ein Kind so schnell wie möglich ‚aufhören zu spielen' und ‚anfangen zu arbeiten'." Liepmann, a.a.O., S. 66.
Entfremdete Arbeit wird kaum mit Lustempfindungen verknüpft sein. Im ästhetischen Bereich und in spielerischen Tätigkeiten leuchtet etwas auf von der zukünftigen Möglichkeit einer nicht entfremdeten, lustbetonten Arbeit.

46. Vgl. dazu Montessori: ,,Es gibt in der Umwelt unerschöpfliche Quellen zum Genuß des Schönen, an denen die Menschen vorübergehen, als hätten sie keine Sinne (...); statt dessen suchen sie den Genuß in den starken und groben Sinneswahrnehmungen, da sie ihnen als einzige zugänglich sind." a.a.O., S. 165.

47. Vgl. dazu Pestalozzi, Wie Gertrud ihre Kinder lehrt.

48. ,,Doch alles bleibt nur ein Spiel und hat seine Antriebe in der Lust." Kurt Schwerdtfeger, a.a.O., S. 77.

49. Heinig, a.a.O., S. 33.
Konrath weist darauf hin, daß Kinder, die ohne persönliche ,,Betroffenheit" praktisch arbeiten, die visuelle Wahrnehmung und Gestaltung als Entfremdung erfahren. Konrath, Der Stellenwert von therapeutischen Bemühungen in den verschiedenen Konzepten zur ästhetischen Erziehung, in: Richter, a.a.O., S. 18.

50. Heinig, a.a.O., S. 33.

51. Ebd., S. 33.

52. Eduard Trier, a.a.O., S. 131.

53. Ebd., S. 175.

54. Ebd., s. 178.

55. Ebd., S. 175. Vgl. auch Klaus Beck, Bitte anfassen zu dürfen. Plädoyer für ein Museum, das nicht bloß Augenweide ist, in: Kunst + Unterricht, Sonderheft 1976, S. 45.

57. H. R. Jauss, Kleine Apologie der ästhetischen Erfahrung, in : Kunst + Unterricht 31, 1975, S. 15.

58. Ebd., S. 19.

59. Zu dieser Problematik führt H. Hartwig folgendes aus: ,,Sozialgeschichte (und auch Kunstgeschichte) holen uns umgebende und ferne Gegenstände in einen vorbereiteten Erkenntniszusammenhang herein (Theorie) und erweitern diesen damit gleichzeitig. Charakteristisch für die entsprechenden Aneignungsprozesse ist eine spezifische kognitive Distanz und die Ungerührtheit der Subjekte. Sie ist nötig, aber sie reicht nicht aus, weil die Gefahr besteht, daß sich die Subjekte letztlich Dinge vom Leibe halten, deren Bedeutung gerade in ihrer ‚Subjektivität' liegt."
Und weiter: ,,Denn: Indem wir unsere aktuelle Lebenspraxis in den Aneignungsprozeß einbringen, besteht zugleich die Gefahr, daß wir die ‚objektive' Bedeutung der kulturellen Gegenstände (Kunstwerke, Wohnungseinrichtungen, Rituale usw.) zu verpassen drohen, es sei denn, es gelänge uns, in entfernte Subjektivität einzusteigen und unsere dabei zu ‚historisieren'."
H. Hartwig, Zur Podiumsdiskussion um ,,Kulturgeschichte im Unterricht": Identifikation mit entfernter Praxis, in: Ästhetische Erziehung und gesellschaftliche Realität. S. 122.

60. Richtlinien Sekundarstufe I, Nordrhein-Westfalen 1975, S. 27.

61. Ebd., S. 22.

62. Hoffmann-Axthelm, Lernformen ästhetischen Verhaltens, in: Sehen lernen, S. 269 f.

63. Hoffmann-Axthelm, Ästhetisches Verhalten und Didaktik, in: Ästhetische Erziehung und gesellschaftliche Realität, S. 121. H. Hartwig geht in seinem Kapitel ,,Totaler Zeichenunterricht – Zeichnen als zweite Schrift" (Sehen lernen, S. 101) darauf ein, wann für Schüler die Verbalisierung ästhetischer Prozesse nur eine überflüssige, vom Lehrer verlangte Pflichtübung ist, in der eine Verdoppelung der bereits vorliegenden bildlichen Aussage stattfindet. Er sieht schon einen wesentlichen Schritt in der ästhetischen Praxis darin, daß der Schüler ,,sich eine spezifische Situation vergegenwärtigt und sich ihrer in einer symbolischen Form halb bewußt wird". Dieser Ansatz führt ebenso wie Kramers Ausgangspunkt schon in Richtung Selbstfindung, doch nicht zur Verhaltenseinübung und weiter zur politischen Sehweise. Auch Themen, die die spezifische Situation des Schülers betreffen, können auf nonverbaler Ebene allein noch nicht die Zusammenhänge zwischen der sozialen Situation, den Erfahrungen und den korrespondierenden Verhaltensweisen reflektieren.

64. Vgl. W. F. Haug, Kritik der Warenästhetik.

65. Richter, a.a.O., S. 7 ff.

66. Konrath weist positive Ansätze in der musischen Bildung nach, die aktualisiert werden sollten, insofern sie mit dem Richtziel ,,Emanzipation" vereinbar sind. Weiterhin weist sie Parallelen auf zwischen musischer Kunsterziehung und den Konzepten der visuellen Kommunikation und ästhetischen Erziehung, die den therapeutischen Aspekt herausstellen, eine ganzheitliche Sicht des Schülers, der eben nicht nur als Rezipient von Fachwissen gesehen wird, ein normatives Konzept, etwa das der ,,Selbstbestimmung", aus dem die Erziehungsziele unter Berücksichtigung der Interessen der

Schüler formuliert werden, das Verständnis der Schule als Sozialisationsfeld und nicht nur als Institution zur Vermittlung von Wissen und Fertigkeiten. Konrath, in: Richter, a.a.O., S. 21 und S. 29.

67. Vgl. RL, Hamburg. Eine weitere Begründung für die Einbeziehung des therapeutischen Aspekts in den Kunstunterricht findet sich in den Richtlinien für die Primarstufe und den Vorschulbereich. Lediglich die Richtlinien für Gymnasien des Landes Niedersachsen gehen ausdrücklich darauf ein, daß die Schulkinder bereits als lern- und verhaltensgestörte Kinder in die Primarstufe eintreten, daß sich die Schwierigkeiten dort verstärken und die Bemühungen des Kindes zum Scheitern verurteilen. Vgl. hierzu Wörner, in: Richter, a.a.O., S. 80.

68. Darüber hinaus ist zu fordern, auch schwerer verhaltensgestörte Kinder in die normale Schule zu integrieren, anstatt sie in Sonderschulen zu isolieren. Dies wird seit Jahren mit Erfolg in Bologna praktiziert.

69. B. Bettelheim, a.a.O. S. 123/124.

70. ,,Die allgemeinen Ziele des Vor- und Grundschulbereiches wie die Förderung von Ich-Autonomie, sozialem Lernen und Kommunikationsfähigkeit können nur realisiert werden, wenn die Fächer bzw. Lernbereiche ihre einseitig fachbezogene Betrachtungsperspektiven zugunsten einer integrativen Sicht aufgeben.
Ästhetische Erziehung sollte daher einen interdisziplinären Ansatz haben. Ästhetische Lernprozesse sind zugleich Lernprozesse, die der Entwicklung von Ich-Autonomie, Sozialkompetenz, Kommunikationsfähigkeit und Spielfähigkeit dienen. Bei der Organisation von ästhetischen Lernsituationen ist daher die Entwicklung allgemeiner Grundqualifikationen zielbestimmend zu berücksichtigen."
Ullrich betont, daß die ästhetische Erziehung über besondere Lernmöglichkeiten verfüge, um zur Ausbildung von sozialem Verhalten und Bewältigung zu führen. H. Ullrich, a.a.O., S. 31.

71. ,,Es gibt meines Wissens keine wissenschaftliche Begründung therapeutischer Maßnahmen in unserem Fach und keine didaktische Konzeption, die den therapeutischen Anspruch als konstituierend formuliert hätte." Johannes Eucker, a.a.O.

72. Vgl. hierzu Konrath, a.a.O., S. 181 f.

73. Vgl. Bettelheim, Der Weg aus dem Labyrinth.

74. So erscheint z.B. die These von Hoenisch, Niggemeyer und Zimmer bedenklich, Holzarbeit an der Hobelbank zum Abbau von Aggressionen zu benutzen. Abgesehen davon, daß unklar bleibt, ob und wie dies geschehen soll, würde hier der Konflikt nur veräußerlicht, ohne seine gesellschaftlichen Wurzeln aufzuarbeiten. Das Material dient nur als seelischer Blitzableiter. Hoenisch/Niggemeyer/Zimmer, a.a.O., S. 226. Vgl. hierzu auch Jürgen Zimmer, a.a.O., S. 274.
Im Zusammenhang mit der als ,,kompensatorisch" bezeichneten Erziehung in der BRD (Chancengleichheit) geht Zimmer jetzt von der ,,Kanalisierung aggressiver Akte auf neutrale Objekte" ab und verweist darauf, daß es notwendig sei, die Störfaktoren soziokulturell zu untersuchen und Strategien zu entwickeln, die die vorhandenen, längst erworbenen Qualifikationen, die eben auch Störfaktoren sein können, einbeziehen.

75. Vgl. Richter, a.a.O., S. 42, Kramer, a.a.O., S. 76. E. Kramer unterscheidet zwischen Verschiebung und Sublimierung. Bei dem Vorgang der Verschiebung werden Ersatzhandlungen vollzogen, bei denen die Affekte in ungefährliche Bahnen gelenkt werden, ohne daß dabei ihre Gefühlswerte verändert werden. Diese Ersatzhandlungen lassen sich als Sicherheitsventile bezeichnen. Bei dem Vorgang der Sublimierung wird die Änderung des Triebobjekts angestrebt.
Das Kunstverständnis Kramers ist allerdings ungenau und undifferenziert. (Vgl. Hinkel: ,,Kann Unterricht Therapie leisten?", K + U 41/77, S. 9.)
Der Ansatz bleibt jedoch auch für den Nicht-Therapeuten sehr wichtig. Die Forderungen der Richtlinien sämtlicher Bundesländer nach Entwicklung von Ich-Stärke und konstruktiven Verhaltensweisen werden nur teilweise auch mit entsprechenden Inhalten gefüllt und erstellen erst Ansätze zu Strategien, um Verhaltensänderung zu erzielen. Es bleibt offen, inwieweit das dazu erforderliche Lehrerverhalten nicht schon im weitesten Sinne therapeutisch sein muß.

76. Mayrhofer/Zacharias, Aktion Spielbus, S. 97 ff. Grüneisl/Mayrhofer/Zacharias, Spielen in der Stadt, S. 37 ff. Frommlet/Mayrhofer/Zacharias, Eltern Spielen – Kinder Lernen, S. 79 ff. Buchholz/Klein/Mayrhofer/Müller-Egloff/Popp/Zacharias, Manyfold Paed-Aktion, S. 48 ff.
In London-Camden hat die Gruppe ,,Aktion Space" einen Raum mit aufblasbaren Strukturen aus Plastikröhren eingerichtet, in denen und mit denen die Kinder spielen. – Auf der Ausstellung ,,Spielen" (Kunsthalle Hamburg 1971) gab es einen taktilen Aktionsraum.

77. Vgl. auch die Beobachtungen von Richter im Hinblick auf die Bedeutung der Materialerkundungsphase bei verhaltensgestörten Kindern, a.a.O., S. 44.

78. Zitiert bei Hoffmann-Axthelm, a.a.O., S. 64. Er spricht von der ,,Pose des Selbstgenusses".

79. Im Gegensatz dazu fordert Hoffmann-Axthelm, daß „interessiertes, bedürfnisorientiertes Handeln" der Sinnlichkeit vorausgeht. Hoffmann-Axthelm, a.a.O., S. 64 f.

„Die Imagination hängt ihrerseits von den Sinnen ab, die das Erfahrungsmaterial bereitstellen, aus dem die Imagination durch Umwandlung der Objekte und Verhältnisse, die Sinnesdaten waren und von den Sinnen geformt wurden, ihr Reich der Freiheit erzeugt!" Marcuse, Versuch über die Befreiung, S. 50.

80. Verordneter und manipulierter Genuß können im Unterricht analysiert werden und aus den Erkenntnissen lassen sich Alternativen entwickeln. Vgl. dazu Hoffmann-Axthelm, a.a.O., S. 54.

81. Marcuse „Die neue Sensibilität" aus „Versuch über die Befreiung", S. 48. Marcuse verknüpft die ästhetischen Bedürfnisse mit der Notwendigkeit, diese zu befriedigen, da sie als „Ansprüche des menschlichen Organismus, Geistes und Körpers" ihren „eigenen sozialen Gehalt haben". Marcuse bezeichnet ihn sogar als „radikal gesellschaftlichen Gehalt". Vgl. dazu Fröbel, S. 37.

„Der eine Weg ästhetischer Wirksamkeit ist die Veränderung und Differenzierung des menschlichen Glücksensoriums. Der Mensch verlangt nach jenen Befriedigungen seiner neu-erlernten Bedürfnisse, die ihm nur in einer Gesellschaft geboten werden können, die auf repressive Rationalität in technologischer Hinsicht verzichtet. Die andere Wirksamkeit ästhetischer Produktion besteht darin, mit Hilfe von sinnlichen, artifiziellen Gebilden der Umwelt und durch Lernprozesse eben dieses Glücksensorium zu erwerben." Konrad Pfaff, a.a.O. S. 64.

82. Vgl. Hartwig „Sehen lernen".

83. Hartmut Sellin zeigt differenziert die unterschiedlichen Strömungen innerhalb der Werkdidaktik auf und grenzt ihre Problemstellungen von der Kunstpädagogik ab bzw. weist auf zeitweilige Parallelen der Kunstpädagogik mit der Werkdidaktik hin. Sellin, a.a.O., S. 12/13.

84. Ebert spricht davon, daß die Aufbaukeramik propädeutische Funktionen für die Kategorie der Umweltgestaltung, das Konstruktive in gleicher Weise für die Kategorie der Technischen Bildung gewinnen kann. Ebert, a.a.O., S. 144.

85. Ebert, a.a.O., S. 145.

86. Vgl. Hartwig, Sehen Lernen.

87. So z.B. in den Richtlinien für Hauptschule NW und Sekundarstufe II nur eine halbe Seite, ohne Eigentätigkeit zu fordern.

88. Vorschule Hamburg/Grundschule Hamburg (Kl. 1–4)/Beobachtungsstufe der Volksschule Hamburg (Kl. 5–6)/Haupt- und Realschule Hamburg/Gesamtschule Hamburg und Grundschule Niedersachsen. In den Curricula der anderen Bundesländer wird die haptische Wahrnehmung nicht erwähnt. An der geringen Anzahl der Bundesländer ist zu sehen, daß der Bereich der Tastwahrnehmung überhaupt erst einmal bewußt gemacht werden muß.

IV. Tastwahrnehmung und Ästhetik

1. Haptische und visuelle Grundlagen der Bildenden Kunst

Da der Tastsinn gegenüber dem visuellen Sinn primär ist, geht auch die bildnerische Gestaltung in der Wurzel auf haptische Erlebnisse zurück. Dies gilt nicht nur für räumliche, sondern in gleicher Weise für flächige Medien.
Ein Bild ist mehr als eine Projektion oder Imitation, sondern ist geistig verarbeitete, be-ur-teil-te und in Bildzeichen wiedergegebene, d.h. gestaltete Wirklichkeit. Diese Wirklichkeit wird mit allen Sinnen und nicht nur optisch, sondern zunächst und „grund"legender mit den Nahsinnen erfahren. Es ist einleuchtend, daß die bildnerische Gestaltung überall da zunächst und vorwiegend haptisch orientiert ist, wo der Bezug zu den Grundlagen sinnlichen Erlebens noch direkt, einfach und ursprünglich ist:[1] bei den sogenannten Naiven aller Zeiten, bei vorgeschichtlichen Kulturen, bei den sogenannten Naturvölkern, bei den Kindern. Je differenzierter die Gestaltungsweise wird, je komplizierte Zusammenhänge (Richtung – Ausdehnung – Raum – Licht) verarbeitet und dargestellt werden, um so mehr treten Gesichtserlebnisse in den Vordergrund und werden die optischen Eigenschaften der Realität wiedergegeben.
So ist in der Zeitspanne zwischen dem Augentäuschung und Illusion liebenden Barock und der Wiedergabe flüchtiger Lichterscheinungen im Impressionismus folgerichtig die Malerei vorherrschend. Dies gilt gleichermaßen für die Plastik (nicht nur für den „Impressionismus" eines Rodin), bei der man vorwiegend die optisch wahrnehmbaren Qualitäten der Realität und des bildnerisch verarbeiteten Materials gestaltet, während die haptischen Eigenschaften nicht in dem Maße berücksichtigt werden. Bei einer Marmorfigur aus dieser Zeit spielen Kühle und Glätte (bzw. Rauheit) des Steins für die künstlerische Wirkung nur eine geringe Rolle im Vergleich zu seinem strahlenden Weiß.

2. Haptische Erlebnisse als Inhalt künstlerischer Gestaltung

Nicht von ungefähr spielen haptische Erfahrungen bei der ästhetischen Gestaltung und Rezeption von dem Zeitpunkt an wieder eine größere Rolle, wo seit Anfang dieses Jahrhunderts Maler und Bildhauer zurückgreifen auf die Ursprünge formaler Gestaltung und bei den sinnlichen Grunderfahrungen neu ansetzen. Fundobjekte und ready-mades stellen die sinnliche Schönheit realer Objekte selbst in den Vordergrund (Duchamp, Picasso). Die totale Reduktion des Naturvorbildes (Brancusi), oder seine übersteigernde Abstraktion (Moore), die ungegenständlich organisch schwingenden Skulpturen (Arp), die rhythmisch verschachtelten (Archipenko, Zadkine) und die mathematisch konstruierten Plastiken (Bill) zwingen zum neuen Erfassen und Erleben elementarer plastischer Formen und legen verschüttete haptische Erfahrungen wieder frei.² Durch eingeklebte Materialien reichern die Kubisten (Braques, Picasso, Gris) ihre abstrahierten Bilder wieder gegenständlich an und die abgenutzten Tastmaterialien in den Bildern der Dadaisten (Schwitters) verfremden diese, bereichern die sinnliche Erfahrung und erschließen so neue Aussagemöglichkeiten. Tastqualitäten des bildnerischen Materials, einmal neu entdeckt, spielen bis heute bei vielen Künstlern eine wichtige Rolle: montierte Materialplastiken aus Schwämmen, Zeitungspapier, Wurzeln und Steinbrocken (Dubuffet), verschimmelte Schokoladenbilder (Dieter Rot), aufgeklebte und farbig gespritzte Schwämme (Ives Klein), Mauerbilder (Tapies), Fellobjekte (Ursula und Weseler), Materialprägedrucke (Nesch), verspannte Säcke (Burri), Fett, Kupfer, Filz (Beuys), Teigwaren (Spoerri), weiche und harte Objekte aus Stoff, Pappe, Plastik (Oldenburg), u.a.m. Steht hier das haptische Medium als Vermittler künstlerischer Aussagen im Vordergrund, so wird das Körpererlebnis bei vielen Objekten von Franz Erhard Walter selbst zum Thema.

Seit einigen Jahren gibt es – vor allem in den USA – zahlreiche Versuche, den haptischen Sinnesbereich auch für die künstlerische Gestaltung und Vermittlung neu zu erschließen. Erwähnt seien nur die Ausstellungen „Feel it" 1968 in Stockholm (Moderna Museet); „First International Tactil Sculpture Symposium" 1969 in Long Beach, Kalifornien (Gallery C); „Form and Inner Eye" 1969 in Los Angeles (Tactile Gallery); seit 1971 ein ständiges Environment von August Coppola in San Francisco (Palace of Arts and Science Exploratorium); „Sculpture for the Blind" 1976 in London (Tate Gallery); „Do Touch" 1976 in Boston (Museum of Fine Arts); „Les mains regardent" 1977/78 in Paris (Centre George Pompidou).

3. Haptisch gestaltete Objekte und ihre aufklärende Funktion

Die haptische Qualität der Dinge kann ideologische Funktion erhalten. Kunst hat die Möglichkeit, durch gestaltete Materialien diese sinnlich erfaßbar zu machen. Jakob Mattner stellte etwa eine Treppe her, deren auratisch feierliche „Marmorstufen" erst beim Betreten als augentäuschende Imitation in teilweise weichem Material entlarvt werden.³ Hier sind die Beziehungen zwischen Realität und Täuschung, Illusion und Imitation ästhetisch verarbeitet und die Manipulationsmöglichkeiten aufgedeckt. „Worum es geht, ist, Kracauers physische Realität der Dinge (und Verhältnisse) sinnlich erfahrbar zu machen; denn dazu taugt die Kunst, Einsichten über sinnliche Erfahrungen möglich zu machen. Das beläßt den Kunstwerken ihre Autonomie und macht sie keineswegs zu Dienern außerhalb ihrer selbst liegenden Zwecke. Das bedeutet nur, daß sich auch die Kunst vor der verantwortlichen Zeitgenossenschaft nicht drücken darf und reflektieren muß, womit sie etwas sinnvoll leisten kann."⁴

4. Probleme der Rezeption haptischer Kunst im Unterricht

Die Gefahr für den Schulalltag liegt in einer Bagatellisierung künstlerischer Sachverhalte, wenn sie in schulgerechte Werkverfahren und Formate umgesetzt werden, oder wenn Plastik allein anhand von Abbildungen betrachtet wird. Ein methodischer Weg, Schüler mit Kunst, Werkverfahren und Künstlern bekanntzumachen, wäre, Atelierbesuche durchzuführen, da dort eine Begegnung mit Originalen möglich ist und der Künstler direkt befragt werden kann.⁵

Museumsbesuche sind weniger effektiv, da hier die auratische Situation und das Berührungstabu der Wertobjekte eine unbefangene sinnliche Wahrnehmung verhindern.⁶

Da im Museum also vorwiegend der Gesichtssinn befriedigt wird, sind Atelierbesuche um so aufschlußereicher für den Schüler, da er sich in vielen Fällen dem wahrgenommenen Objekt auch körperlich nähern darf und das haptisch-motorische Erlebnis das visuelle ergänzt. Begreifen ist hier einmal eine Möglichkeit, Genuß zu empfinden, aber auch – auf diese Weise motiviert – Fragen zu stellen, die von der eigenen Tastwahrnehmung ausgelöst werden. Aber auch das emotionale und sinnliche Erlebnis der eigenen ästhetischen Praxis im Unterricht stellt eine Verbindung des Schülers mit dem schaffenden Künstler her, so daß Fragen auftauchen nach dem Material und der Verarbeitung, dem Stellenwert des Materials, der Oberflächenbearbeitung und der Lichtwirkung. Hier können Probleme angeschnitten werden nach der Aussage in ihrer Beziehung zum Material und den gesellschaftlichen Schranken ihrer Vermittlung.[7]

5. Haptische Qualitäten der Architektur

Wird uns die Bedeutung des Tastsinns erst einmal bewußt, entdecken wir betroffen, wie stark durch unsere optozentrische Einstellung die haptische Beschaffenheit der Umwelt vernachlässigt wird. Unsere zweite Haut, die Kleidung, und unsere dritte, die Architektur, sind nicht nur optisch, sondern oft in viel stärkerem Maße haptisch für unser Wohlbefinden entscheidend. Gerade die nicht visuellen Qualitäten werden uns oft nicht bewußt, sondern wirken vorwiegend unterbewußt auf unser Nervensystem und bestimmen so unsere emotionale Befindlichkeit und damit unser Verhalten.[8] Wir haben etwa beim Betreten eines Raumes nicht nur visuelle, sondern gleichzeitig thermale, auditive, osmatische, olfaktorische, räumliche und haptische Empfindungen. Hinzu kommen Somästhesie (Leibwahrnehmung) und Kinästhesie (Bewegungserfühlung), die Körperhaltung und -bewegung registrieren, die ja ebenfalls durch Architektur reguliert, kanalisiert und manipuliert werden.

Richard Neutra machte sich schon vor über 20 Jahren über die architektonischen Konsequenzen eines Bauens auf physiologischer Basis Gedanken,[9] deren Nichtbeachtung unter anderem mit zur vielzitierten „Unwirtlichkeit unserer Städte" führte und psychische und organische Erkrankungen der Bewohner zur Folge hat. Aufgabe wissenschaftlicher Forschung wäre es, diese zuwenig beachteten Zusammenhänge zu untersuchen, damit sie bewußt bei der Planung und Gestaltung unserer Umwelt berücksichtigt werden können.

Je näher uns die Umwelt auf den Leib rückt, um so mehr geschieht ihre Rezeption durch die Nahsinne. Damit wächst die Bedeutung der haptischen Eigenschaften der uns umgebenden Räume und Dinge.[10] Elternwohnung, Kinderzimmer, Kindergärten und Schulräume dürfen nicht nur von ihren Funktonen her eingerichtet werden, sondern müssen die psychischen Auswirkungen der sinnlichen Qualitäten der Innenarchitektur berücksichtigen. Notwendig für Spiel- und Lernräume ist eine Einrichtung, in der Erfahrungen für die Aneignung von Realität gewonnen werden können. Wahrnehmungs- und Erkenntnisprozesse stehen in Wechselwirkung und in einem dynamischen Verhältnis zur selbsttätigen Handlung. Wenn man aber die stereotype Ausstattung unserer Kindergärten und Schulen sieht, muß man fragen, wie Zielsetzungen vor allem auch im Bereich ästhetischer Erziehung überhaupt verwirklicht werden können, wenn die institutionellen Rahmenbedingungen eine Ermöglichung notwendiger Erfahrungen mit physischen Objekten und entsprechenden sinnlichen Erfahrungen verhindern. Dieses Defizit an sinnlicher Erkenntnis und Impulsen zu selbstbestimmten Handlungen gilt es abzubauen.

Kunst darf in der Schule nicht nur Unterrichtsgegenstand sein, sondern muß als ästhetische Qualität des architektonischen Rahmens ein Prozeß sein, „als eine immerwährende Beeinflussung aller Sinne und ihrer kombinierten Aufnahmefähigkeit durch die (...) mit Sorgfalt geschaffene ästhetisch-biologische Ordnung der optischen, akustischen, thermalen, olfaktorischen und tastmäßigen Werte der Innen- und Außenräume".[11]

Doch darüber hinaus müssen Situationen geschaffen werden, in denen nicht nur Erfahrungen sinnlicher Art gesammelt werden können, sondern in denen dieses Handlungspotential auch umsetzbar ist. Die im traditionellen sprachlich bestimmten, begrifflich orientierten Schulunterricht angeeigneten Abstraktionen und Symbole müssen wieder zurück in die Realität überführt werden. Der Lernraum Schule selbst sollte ebenfalls als Gegenstand bewußter Wahrnehmung in seiner ästhetischen Sterilität thematisiert und problematisiert werden. Besonders die Lernenden der Vorschule und Primar- und Sekundarstufe I, deren Wahrnehmungsverhalten noch besonders auf sinnliche Erfahrung eingestellt ist, leiden darunter, daß ihre Lern- und Spielräume ebenso wie die Lern- und Spielprozesse kaum Möglichkeiten bieten, ihre starke Motorik, die in direktem Zusammenhang mit ihrem Wahrnehmungsverhalten steht, nutzbar zu machen. Die Einschränkung motorischer und sinnlicher Aktivität, die verhindert, daß die sinnlich wahrnehmbaren Qualitäten Gegenstand bewußter Wahrnehmung werden (Anlaß von Störung des Unterrichts), führt zu einem passiven Lernverhalten. Kennzeichen dieser Passivität ist ihre Manipulierbarkeit, die Gewöhnung an Fremdsteuerung. Passive Wahrnehmung führt zu erhöhter Konsumbereitschaft und macht blind und stumpf gegenüber der Wirklichkeit des Bedingungsrahmens.

Diese Zusammenhänge gelten nicht nur für Spiel- und Lernräume, sondern für die gesamte architektonische Umwelt. Die in der kahlen Bürolandschaft und Zweckarchitektur vernachlässigten haptischen Qualitäten werden im Intimbereich der Wohnung oft überbetont und führen zu einer Vorliebe für hochflorige Teppiche, flauschige Stoffe und langhaarige Felle aller Art, Bedürfnisse, die im Warenangebot schnell aufgegriffen und kommerziell verwertet wurden. Und die angepriesenen überdimensionierten Betten und Badewannen zeigen nicht nur das Bedürfnis nach Statussymbolen, sondern versprechen auch, die unbewußte Sehnsucht des streßgeplagten Großstädters nach haptisch wohliger Geborgenheit im Mutterleib zu befriedigen. Im Extrem wird eine Wohnung als eine weiche, flauschige Sexuallandschaft angepriesen, in der sich unbekleidete Körper hautnah auf warmweichen Schaumstoffpolstern räkeln.[12]

6. Grundlagen haptischer Gestaltung

Es wäre zu untersuchen, inwieweit eine neu zu entwickelnde haptische Kunst möglich ist, in der durch die von den Objekten ausgelösten autonomen haptischen Erlebnisse rein haptomorphe Vorstellungen von ästhetischer Qualität vermittelt werden.[13] Die dem Tastsinn spezifischen Eigenschaften würden so durch die emotionalen Erlebnisse anhand der gestalteten Form und Textur für eine Vermittlung ästhetischer Gehalte genutzt. Hier würde nicht von gegenständlichen Vorstellungsbildern ausgegangen, die nur zum Zwecke des Erkennens in haptisch wahrnehmbare Formen übertragen würden, sondern von den Tastqualitäten der Materialien selbst, ihren Texturen und Formen.[14] Diese Möglichkeiten deutete schon der holländische Psychologe Révész 1938 an, doch konnte er deren Konsequenzen aus einem falschen Kunstverständnis heraus nicht ziehen: „Neben der Autonomie der optischen Welt steht die Autonomie der haptischen Welt, neben der autonomen optischen Form die autonome haptische Gestalt, und neben der optischen Phantasie die Tastphantasie."[15]

Allgemein aber wird heute noch akzeptiert, was Révész 1944 behauptete: „Unsere Tastfunktion wird nicht von dem Antrieb beherrscht, Formgebilde als solche zu betrachten, ein eindeutiges Bild von den räumlichen Formen zu gewinnen, geschweige denn Formen autonom zu schaffen. Auch der Genuß an der Formenfülle der Natur und Kunst steht bei weitem nicht in einer solchen unmittelbaren Beziehung zur Tastfunktion wie zu der optischen."[16] Diese Aussagen, mögen sie auch für die Gegenwart noch zutreffen, gehen von einer unhistorischen, statischen Betrachtungsweise aus. Gerade der Tastvorgang unterlag und unterliegt noch in unserer Gesellschaft in bezug auf Gegenstände, wie auch auf zwischenmenschliche Beziehungen, den mannigfaltigsten Vorurteilen und Beschränkungen.

Gehen wir von den Merkmalen haptischer Sinneswahrnehmung aus, lassen sich bestimmte Charakteristika zusammenstellen, die zu einer Gestaltung von rein haptisch erfahrbaren Objekten führen könnten.[17] Für die ästhetische Unterrichtspraxis ließe sich hieraus eine Didaktik haptisch-ästhetischer Erziehung entwickeln.[18] Die Gefahr besteht jedoch, daß diese im bildnerischen Bereich isoliert bleibt und den Zusammenhang mit der Realität verliert.[19] Die Aufgabe wäre also, die gewonnenen Gestaltungskriterien wieder zu vergegenständlichen. Wie im visuellen bildnerischen Bereich lassen sich inhaltliche und formale Aussagewirkung auch hier miteinander verbinden.

Einige charakteristische Eigenheiten haptischer Wahrnehmung[20] und daraus ableitbare haptisch-bildnerische Gestaltungsmittel sind im folgenden zusammengestellt.

1. Sukzessive Wahrnehmung

Das Erschließen einer Gestalt im zeitlichen Nacheinander, auf das der Haptiker angewiesen ist, könnte gestalterisch bewußt einbezogen werden. Analog zu Dichtung, Musik, Theater, Ballett, Pantomime und Film könnten auch Tasterlebnisse in genau vorher bestimmter Reihenfolge und Intensität – etwa in beruhigender gleichmäßiger Folge oder schockierender Plötzlichkeit – ausgelöst werden. Nach dem Prinzip sukzessiven Fortschreitens ließen sich z.B. friesartige Wand„bilder" entwickeln, die in Fluren aufgehängt, beim langsamen Entlanggehen durch streichendes Tasten erfaßt würden, oder auf Folien geprägte aufgerollte Bildstreifen, die am sitzenden Betrachter vorbeibewegt werden. Eine Kombination mit Musik, Geräuschen und Gerüchen, mit Vibration und Luftströmungen wäre denkbar. Bewegungserlebnisse lassen sich aber auch durch das nachfahrende Tasten geeigneter bildnerischer Formen vermitteln.[21]

2. Beschränkung auf Strukturerkennung

Aus der im Wesen taktiler Wahrnehmung liegenden geringen Übersichtsfähigkeit, der gleichsam mosaikartigen, stückhaften Wahrnehmung, ergibt sich die Schwierigkeit, oft sogar die Unmöglichkeit, die strukturell bedingten Teilgestalten in der Vorstellung zu einem einheitlichen Formganzen zu vereinigen. Dies berücksichtigend kann man Abfolgen kleinster erfaßbarer Bildeinheiten (Comic-Prinzip) entwickeln, deren Sinn gerade im Erleben ihres Nacheinanders besteht. Die an sich für das haptische Erfassen typische regellose Reihenfolge der Tastvorgänge würde hier durch eine leicht erkennbare Abfolge gesteuert, die – wie in der Musik oder dem Film – in kleinere zusammengehörende Einheiten (Sequenzen) nach rhythmischen, dynamischen oder numerischen Gesetzmäßigkeiten gegliedert werden können.

3. Tastsinn als Nahsinn

Die Notwendigkeit einer direkten Berührung der Objekte schafft eine körperlich viel intensivere Beziehung und größere Konzentration, als es beim Sehen der Fall ist.[22] Die körperhafte Nähe und der ständige Größenvergleich mit den eigenen Körpermaßen schaffen ein Naherlebnis, das durch die Übertragung auf das eigene Körpergefühl bis zu einer Art Absolutheitsanspruch gehen kann. Die angenehmen Gefühle beim Ertasten symmetrischer Formen haben wahrscheinlich neben der beruhigenden Rhythmik einer gleichsinnigen Bewegung und der leichten Ergänzbarkeit von „Tastlücken" auch in der Analogie zu unserem Körperaufbau ihren Ursprung.[23] Sie lassen sich für eine künstlerisch-haptische Gestaltung gut verwenden.

4. Das kinematische Prinzip

Aus der zwangsläufigen Kombination haptischer Erfassung mit motorischen Vorgängen ergibt sich die Möglichkeit einer Gestaltung von „Bewegungsbildern". Gedacht ist hier nicht nur daran, die Bildformen selbst beweglich zu machen, sondern den motorischen Rezeptionsvorgang der künstlerischen Aussage dienstbar zu machen, indem man Bewegungsformen entwickelt und fixiert, die durch mehrmaliges Nachfahren nachvollzogen werden und so gefühlsmäßig nacherlebt werden.[24] (Vgl. die Versuche von Révész, a.a.O., S. 265.) Die Formen könnten nicht nur beidhändig gleich, sondern auch verschieden gestaltet werden, so daß – anders als bei visueller Wahrnehmung – mit den Händen auch zwei verschiedene Empfindungen, sozusagen zweistimmig übertragen würden. Es ist dies ein noch nicht erschlossener Zwischenbereich zwischen bildender Kunst und Tanz und Pantomime.

5. Autonome haptische Formwahrnehmung

Plastische Werke sind – worauf schon Herder hinwies – primär Tastobjekte, visuelle Wahrnehmungen werden hierbei haptifiziert. Konvexe und konkave Schwingungen bestimmten Feinheitsgrades können sogar nur noch mit der streichenden Hand, nicht mehr visuell wahrgenommen werden. Einfache plastische bildnerische Objekte, deren Größe den engeren Tastraum der umschließenden Hand nicht überschreitet, können umgreifend in ihrer Gestalteinheit gleichzeitig und ganzheitlich erlebt werden, während das Auge nur ein Nacheinander von verschiedenen Ansichten erlaubt. Hier bietet sich die Möglichkeit, speziell haptisch zu erlebende Greif- und Streichelformen zu gestalten – die bekannten japanischen und chinesischen Handschmeichler sind nichts anderes. Doch auch nicht mehr als Ganzheiten erfaßbare Formen können ästhetisch wirksam sein, wenn ihre noch erfaßbaren Teilformen eine gestaltete einkalkulierte Abfolge bilden.

6. Wahrnehmen von Oberflächenqualitäten

Die Tastqualitäten der Oberfläche: Glätte, Elastizität, Temperatur, Feuchtigkeit und vor allem die große Zahl der Oberflächenstrukturen (auch Texturen genannt) sind so vielfältig, daß sie durchaus den optisch wahrnehmbaren Eigenschaften der Dinge ebenbürtig sind. Ebenso wie bei den Farben kann man auch hier eine bildnerisch-ästhetische Formensprache entwickeln, die reiche Ausdrucksmöglichkeiten ergibt, starke Gefühlswirkungen erzeugt und sich so für eine haptisch-ästhetische Kommunikation eignet.

7. Simultaneität von Empfindungen der Oberflächenstruktur, Elastizität, Vibration, Feuchtigkeit, Geruch und Geräusch

Wenn wir die bekannte Tatsache der gleichzeitigen Empfindung und Wahrnehmung verschiedenster Reize auch bei der bildnerischen Gestaltung berücksichtigen, kommen wir zu einer Vielzahl von Kombinationsmöglichkeiten. Zu den unveränderbaren Texturen kämen veränderbare Oberflächen amorpher Gestalt (z.B. in Plastikhüllen eingeschlossene Flüssigkeiten oder Körner), trockene oder feuchte Materialien, warme oder kalte Luftströmungen (Fön, Gebläse), der gezielte Einsatz von Gerüchen und die oft nur unbewußt aufgenommenen Vibrationsbewegungen. Dazu können wir noch die Kombination mit akustischen Reizen einbeziehen, neben Musik und Sprache die beim Tasten entstehenden Eigengeräusche der Materialien und die beim drückenden Streichen ausgelösten Fremdgeräusche.

Diese nichtvisuellen, nur von den Tastempfindungen aus entwickelten bildnerischen Mittel, müßten ähnlich wie die visuellen Gestaltungsmittel in ein Ordnungssystem gebracht werden – eine Arbeit, die noch zu leisten wäre –, um als Mitteilungsmedium ein verfügbares Formenrepertoire zu bilden.[25]

Anmerkungen

1. Als Beispiel sei die Überbetonung der Jochbeine bei afrikanischer Plastik, aber auch bei plastischen Arbeiten von Kindern angeführt. Sie geht auf haptische Erlebnisse zurück, wie man leicht beim Betasten des eigenen Gesichts feststellen kann. Ausführlich gehen Münz, Lowenfeld und Voss darauf ein.
Auf die Bedeutung haptischer Qualitäten in der frühgeschichtlichen Kunst wies um die Jahrhundertwende der Kunstwissenschaftler Alois Riegl hin. So zeigte er, daß sich der Eindruck der Leblosigkeit und Starre bei ägyptischen Skulpturen vorwiegend bei optischer Betrachtung einstellt, während sich „die oft unübertreffliche Feinheit der Modellierung erst den betastenden Fingerspitzen zur vollen Wirkung erschließt". Alois Riegl, Naturwerk und Kunstwerk, S. 56.
Hundert Jahre früher erkannte Herder die starken haptischen Qualitäten von Kinderzeichnungen: „Ihr Auge siehet, wie ihre Hand fühlet" (gemeint ist tastet). „Die Natur geht noch immer mit jedem einzelnen Menschen, wie sie mit dem ganzen Geschlecht ging, vom Fühlen zum Sehen, von der Plastik zur Piktur." Herder, Plastik, S. 108.

2. Bildhauer haben sich häufig dazu geäußert: „Der sensible Betrachter von Plastiken muß (...) lernen, Form einfach als Form zu erleben, nicht als Beschreibung oder Erinnerung an etwas." Henry Moore, in: Werner Hofmann, Henry Moore, Schriften und Skulpturen, S. 44.
H. Wimmer, 1961: „Die Bildhauerei hat die Aufgabe, einen Gegenstand zu vergegenwärtigen. (...) Eine handgreifliche Nähe soll zustandekommen." H. Wimmer, in: Franz Roh, Deutsche Plastik von 1900 bis heute, München 1961.
„... Sie werden vielleicht fragen, was mich dazu gebracht hat, Kuchen und Gebäck und all die anderen Dinge zu machen. Darauf würde ich antworten, daß ein Grund dafür der Wunsch war, meiner Phantasie eine konkrete Aussage zu geben. Mit anderen Worten, sie nicht zu malen, sondern berührbar zu machen, das Auge in die Finger zu übertragen. Das war das Hauptmotiv meiner ganzen Arbeiten. Deshalb mache ich die Dinge weich, die hart sind ..." C. Oldenbourg, in: E. Trier, a.a.O., S. 157.
Henry Moore warnt andererseits auch vor einer Überschätzung der taktilen Werte einer Plastik und macht auf das Zusammenwirken von Auge und Tastsinn aufmerksam: „Manche Leute, die das Wesen des Taktilen mißverstehen oder die vielleicht damit als modern aufgeschlossen wirken wollen, sagen: ‚Ich liebe es, Skulpturen zu berühren.' Das kann Unsinn sein. Es ist einfach so, daß man lieber glatte Formen als rauhe berührt, ob diese Formen nun von der Natur oder künstlich geschaffen wurden. Niemand kann ernstlich behaupten, das Berühren einer Skulptur mit unangenehm rauher, grobkörniger Oberfläche, die dessen ungeachtet gute Bildhauerarbeit sein kann, bereite ihm Vergnügen. Zum Beispiel berührt niemand gern kalte und nasse Gegenstände. Eine Skulptur kann also einer ganzen Anzahl von Kriterien entsprechend ausgezeichnet und dennoch beim Anfühlen unangenehm sein. Das taktile Element bleibt jedoch bei der Schaffung von massiver Plastik von ausschlaggebender Bedeutung." Henry Moore, Über die Plastik, S. 135f.
Über den Wandel der Materialbewertung vgl. Günter Bandmann, a.a.O.
In diesem Zusammenhang ist auch bemerkenswert, daß Filippo Tommaso Marinetti, der Verfasser des futuristischen Manifestes, im Jahre 1921 ein „Manifest des Taktilen" veröffentlichte.

3. Ähnliche Absichten verfolgt er auch mit einer Tastwand aus Marmor, Wachstuch, Gummi, Stoff und Gips 1972 (25 m × 5 m, abgebildet in „Das Kunstwerk", April 1977). Vgl. auch Abb. in Welt aus Sprache, Akademie der Künste, S. 80/81.

4. Wolfgang Längsfeld, a.a.O., S. 59.

5. Vgl. Heinig, a.a.O., S. 146. Vgl. dazu das Unterrichtsbeispiel auf S. 257.

6. Im Gegensatz zu den üblichen Berührungstabus gibt es heute Museen, besonders in den USA, in denen das Tasten und Berühren eigens gefördert wird (vgl. S. 84). Im Münchner Naturkundemuseum befindet sich eine „Streichelecke" mit ausgestopften Tieren.

7. Hoffmann-Axthelm stellt die These auf, daß die „Resozialisierung des Materialgebrauchs keine Frage der Kunst" sein kann. Eine Weiterentwicklung sieht er nur als Folge eines politischen Prozesses, „der weder selber Kunst noch um der Kunst willen intendiert ist". Hoffmann-Axthelm, a.a.O., S. 125.
Geht man jedoch davon aus, daß der künstlerische Prozeß und die künstlerischen Objekte durchaus einen emanzipatorischen Charakter aufweisen können, und

auch der Einsatz des Materials im Hinblick auf den Gesamtzusammenhang reflektiert wird, kann es auch eine Aufgabe und ein Ziel der ästhetischen Erziehung sein, künstlerische Prozesse gemeinsam mit den Lernenden als bewußtes und damit als politisches Handeln zu erleben und interpretieren.

8. „Bauten werden auf doppelte Art rezipiert: durch Gebrauch und deren Wahrnehmung. Oder besser gesagt: taktil und optisch. (...) Es besteht nämlich auf der taktilen Seite keinerlei Gegenstück zu dem, was auf der optischen Seite die Kontemplation ist. Taktile Rezeption erfolgt nicht sowohl auf dem Wege der Aufmerksamkeit als auf dem der Gewohnheit. Der Architektur gegenüber bestimmt diese letztere weitgehend sogar die optische Rezeption." Walter Benjamin, a.a.O., S. 504 f.

9. Richard Neutra, Wenn wir weiterleben wollen, Hamburg 1956. Neuauflage unter dem Titel: Gestaltete Umwelt, Dresden, 1975.
„Man könnte sogar eher sagen, daß aus der Masse der Umwelteinflüsse nur wenige Zugang zum Bewußtsein bekommen, aber ganz besonders verderblich sich auswirken können, wenn das Bewußtsein verfehlt, nötige Schutzmaßnahmen in Gang zu setzen oder ihnen geradezu entgegenzuwirken. Daher sollten wir uns gerade für die nichtvisuellen Aspekte der von uns gebauten Umwelt interessieren, auch wenn sie für gewöhnlich nicht im Vordergrund der Aufmerksamkeit stehen." R. Neutra, a.a.O., S. 100.
„Weil der Architekt in einem Gebäude, das er zu entwerfen hat, sinngefällige Phänomene voraussieht, wird er bestimmte Dimensionen, Formen und Stoffe wählen, die dem psychophysischen Wohlergehen und Behagen des Benutzers dienen sollen. Dieselben sinnlichen Anreize können uns aber, wenn sie schlecht angeordnet sind, auch verstören oder in eine depressive, stumpfe, lustlose oder gereizte Stimmung versetzen." Ebd., S. 104.
Die angesprochenen Probleme lassen sich nur in Zusammenarbeit aller betroffenen Disziplinen lösen und diese nur gemeinsam mit den künftigen Benutzern, die ihre Bedürfnisse jedoch erst einmal selbst erkennen müssen – Aufgabe der Erziehung.

10. „Später, nach dem Kriech- und Krabbelalter, wo durch das Aufrechtgehen der Körper sich erweitert zum umgebenden Raum, werden die frühen Ereignisse des Angefaßtseins und des Anfassens übertragen auf die grenzende Körperlichkeit des Raums. Zugespitzt gesagt: die raumtief strukturierte Wand erfaßt und umfaßt das Kind wie die Hand der Mutter." Hugo Kükelhaus, Unmenschliche Architektur, S. 44.

11. H. Exner im Kommentar zu R. Neutra, Gestaltete Umwelt, a.a.O., S. 330. Richard Neutra entwarf bereits 1926 Schulbauten nach diesen Prinzipien. Ähnliche Gedanken vertrat Rudolf Steiner, ausgehend von seiner Anthroposophie, die teilweise auch architektonisch realisiert wurden und vor allem in zahlreichen von der Anthroposophischen Gesellschaft getragenen Kindergärten angewendet wurden. In dieser Tradition steht auch Hugo Kükelhaus, unter dessen Mitwirkung sein „Versuchsfeld zur Organerfahrung" in architektonische Gesamtplanungen einbezogen wird (Kuranstalt in Engelberg in der Schweiz, Thermalbad Sassendorf bei Soest).

12. Vgl. auch die Ausführungen von W. F. Haug (Kritik der Warenästhetik, a.a.O., S. 119 ff.), der jedoch die haptischen Defizite nicht erwähnt.

13. Ein bis heute nachwirkendes Argument für eine Ablehnung haptischer Kunst finden wir bei Hegel. Nach ihm „bezieht sich das Sinnliche der Kunst nur auf die beiden theoretischen Sinne des Gesichts und Gehörs, während Geruch, Geschmack und Gefühl (gemeint ist der Tastsinn, d. Verf.) vom Kunstgenuß ausgeschlossen bleiben. Denn Geruch, Geschmack und Gefühl haben es mit dem Materiellen als solchem und den unmittelbaren sinnlichen Qualitäten desselben zu tun. (...) Das für diese Sinne Angenehme ist nicht das Schöne der Kunst." Hegel, Einleitung in die Ästhetik, S. 48/49.
Diese Ablehnung, aus der Gedankenwelt des Idealismus kommend, mit ihrer Unterscheidung in höhere (weil der geistigen Tätigkeit verbundene) und niedere (weil dem Stofflichen verhaftete) Sinne, finden wir sogar noch in der marxistischen Ästhetik: „Der geistige Sinngehalt, der ideell-emotionale Inhalt der Kunst könnten mit Nase, Zunge oder Hand nicht wahrgenommen werden. Nur Auge und Ohr sind fähig, die in künstlerischen Schöpfungen beschlossene geistige Information zu erfassen und dem Bewußtsein zu übermitteln." Moissej Kagan, Vorlesungen zur marxistisch-leninistischen Ästhetik, Damnitz, München 1974, S. 111.

14. Vgl. dazu den Tagungsbericht: „Bilder für Blinde und Sehende" von Rosemarie Ebenhöh, Martina Löscher und Renate Lorenz, in: Zeitschrift für Blinden- und Sehbehindertenbildungswesen, Der Blindenfreund 1/1978, S. 2–14.

15. Geza Révész, Die Formenwelt des Tastsinns, S. 141.

16. Geza Révész, Die menschliche Hand, S. 31.

17. Der Gestaltpsychologe Wolfgang Metzger unterscheidet in seinem Werk „Psychologie" drei Arten von

Gestalteigenschaften, von denen er die Struktureigenschaften (Raumformen und Figuralstrukturen) und Materialqualitäten für haptisch erfahrbar hält, während er dies für die dritte Gruppe, die sogenannten Wesenseigenschaften (Anmutungsqualitäten und physiognomische Qualitäten) leugnet. Inzwischen wurde jedoch von Netta Dershowitz aus Israel 1971 eine Untersuchung veröffentlicht, in der nachgewiesen wird, daß die Wahrnehmung von Wesenseigenschaften auch bei rein haptischer Wahrnehmung möglich ist. Vgl. auch Metzger, Sehen, Hören und Tasten in der Lehre von der Gestalt.

Diese emotionalen Qualitäten von Empfindungen, die von Formen und Oberflächen ausgehen (etwa: angenehm – unangenehm), lassen sich als Elemente bewußt gestaltend verwenden, um bestimmte Wirkungen zu erzielen. Eine Vielzahl psychischer Reaktionen wirkt so in entscheidendem Maße mit an der Reproduktion der beabsichtigten Aussage, des Gehalts. Die Form wird in bestimmten Materialien verwirklicht, deren psychische Wirkungen ebenfalls genutzt werden. Es ist nicht einzusehen, warum dieser ästhetische Gestaltungs- und Rezeptionsvorgang, aus den visuellen und akustischen Medien geläufig, nicht auch – freilich in sehr begrenztem Maße – für den entwickelten haptokinetischen Sinnesbereich genutzt werden sollte.

Wie im visuellen Bereich, so gibt es auch hier nicht nur ein ganzes Repertoire von Erfahrungen, sondern auch wissenschaftlich gesicherte Erkenntnisse, auf die zurückgegriffen werden kann und die berücksichtigt werden müssen. Als Beispiel sei die „Apperzeption" (Anpassung) genannt, die sich bei „kinästhetischer Konstanz" (gleichmäßiges Entlanggleiten ohne zusätzliche Anstrengung etwa durch plötzliche Richtungsänderung oder Unterbrechung) einstellt. Die zunächst als angenehm empfundene Bequemlichkeit des Tastvorgangs bewirkt bald Langeweile und damit Ermüdungserscheinungen, die durch Rhythmisierung der Reize abgefangen und wiederbelebt werden können. Vgl. R. Neutra, Gestaltete Umwelt, S. 87 und 94.

Hier liegen auch Möglichkeiten einer haptischen Gestaltung ästhetischer Objekte von und für Blinde, einer nichtvisuellen bildenden Kunst.

18. Hierbei wäre auch zu beachten, daß wir anlagebedingte visuelle Typen (ungefähr jeder Zweite) und haptische Typen (ungefähr jeder Vierte) unterscheiden müssen. Vgl. hierzu Lowenfeld, Vom Wesen schöpferischen Gestaltens.

19. Vgl. das Kapitel „Sensibilisierung als Selbstzweck", S. 34.

20. Die haptische Wahrnehmung wurde in den zwanziger und dreißiger Jahren vielfach von Psychologen untersucht, die Erkenntnisse wurden vor allem von der Blindenpädagogik ausgewertet.

Hippius unterschied drei Arten aktiver haptischer Wahrnehmung, eine Klassifizierung, die auch heute noch übernommen werden kann:

1. Ruhendes Tasten
Wir können auch ohne Einsatz der Bewegung Objekte durch bloße (oder leicht drückende) Berührung wahrnehmen. Die Unterscheidungsfähigkeit ist beachtlich und beträgt 2,2 mm (vgl. Blindenschrift!). Die geringe Übersichtsfähigkeit (1,5 cm × 0,8 cm, die Größe des letzten Fingergliedes) kann erweitert werden durch den Simultaneindruck aller Fingerspitzen bzw. der beiden Handflächen (Handtastraum oder engerer Tastraum) oder durch Hinzunahme von Armbewegungen (Armtastraum oder weiterer Tastraum).

2. Streichendes Tasten
Durch streichende und reibende Bewegungen der Finger und der Hand erhalten wir die meisten taktilen Erlebnisse von Flächen, Körpern und Räumen. Man erlebt einen Bewegungsfluß, manchmal von stark emotionaler Wirkung. Da die Tastobjekte fast immer größer sind als die Übersichtsfähigkeit (= Fingerkuppe) reicht, können sie – anders als beim Sehen – nur im Nacheinander, durch Sukzession erlebt werden.

3. Umgreifendes Tasten
Umschließen wir einen Gegenstand von zwei Seiten, so erhalten wir, unter Hinzunahme kinästhetischer Empfindungen, Informationen über seine Dicke. Kleine Körper, die nicht größer als der engere Tastraum sind, können nach Gewicht, Größe und – in bescheidenem Maße – der Form mit einem Griff bzw. mit beiden Händen „erfaßt" werden, also in ihrer Ganzheit momentan und konkret erlebt werden (vgl. Handschmeichler, Faustkeile).

Hippius, Erkennendes Tasten als Wahrnehmung und als Erkenntnisvorgang.

21. Hier liegt der Schlüssel zu einer neuen Methodik der Kunstbetrachtung für Blinde und zu einer künstlerisch orientierten bildnerischen Gestaltung von Blinden, die über das Nachschaffen von naturorientierten, imitativen Formen in den eigentlich ästhetischen Bereich vordringt. Vgl. hierzu auch Bourgeois Le Chartier, Initiation a l'art, in: Danièle Giraudy/Marie-José Thénevien, Les mains regardent (Katalog), Paris 1977.

Die taubblinde Helen Keller hatte durchaus ästhetische Erlebnisse beim Betasten von Skulpturen und Plastiken. Sie bemerkte sogar: „Ich bin mitunter im Zweifel, ob die Hand nicht empfänglicher für die Schönheiten der Plastik ist als das Auge. Ich sollte meinen, der wunderbare rhythmische Fluß der Linien ließe sich besser füh-

len als sehen." Helen Keller, zitiert nach G. Révész, Die Formenwelt des Tastsinns, II/5.
Freilich fehlte ihr der Vergleich. Eigene Erfahrungen von Führungen Blinder durch Skulpturabteilungen von Museen scheinen jedoch zu bestätigen, daß auf haptischem Wege ein Großteil der Gestaltqualitäten vermittelt werden kann.

22. „Sowohl Vergnügen als Abneigung sind mehr mit den Näheempfindungen als mit den Sinnen der Entfernung verbunden. Die Freude, die ein Duft, ein Geschmack, das Empfinden einer bestimmten Struktur geben kann, ist viel mehr eine körperliche, physische und daher dem sexuellen Wohlgefühl sehr viel näher als die verfeinerte Freude, die Töne oder das am wenigsten körperliche Wohlgefallen am Schönen vermitteln können." Ernst G. Schachtel, a.a.O., S. 23 f.

23. Vgl. Hippius, a.a.O., S. 74, und Hamann, a.a.O., S. 90.

24. Vgl. die Versuche von Révész, a.a.O., S. 265. In diesem Zusammenhang sei auf die Versuche von Kern (1933) und Dershowitz (1974) hingewiesen. Bei einer Untersuchung von Kern zeigten sich die emotionalen Wirkungen, die durch Nachfahren von Kurven ausgelöst wurden (Kern, a.a.O., S. 102). Dershowitz wies nach, daß die Wahrnehmung von Wesenseigenschaften der Formen bei visueller wie bei haptischer Wahrnehmung weitgehend gleich ist.

25. Es sei hier auf wichtige, aber weithin vergessene Vorarbeiten verwiesen, die Karl Bürklen bereits vor 50 Jahren leistete. Als Blindenpädagoge speziell am Tastsinn interessiert, untersuchte er die auch in der Blindenpädagogik bislang – zugunsten der räumlichen Probleme, Höhenunterschiede und figuralen Formprobleme – vernachlässigten Texturen der Oberflächen und stellte eine erste systematische Ordnung für den Bereich von Glätte und Rauhigkeit auf. Darüber hinaus skizzierte er in Umrissen eine „Tastlehre". Karl Bürklen, Die Reibungserscheinungen beim Tasten, in: Zeitschrift für das Österreichische Blindenwesen Nr. 3/4, Wien 1929, und: Die „Tastlehre" als Grundlage zur Weiterentwicklung des Blindenunterrichtes, Nr. 7/8, 1929.

V. Ästhetische Praxis

1. Vorbemerkung

Die folgenden Unterrichtsbeispiele sollen, von der Praxis an der Basis ausgehend, Anregungen geben und die Diskussion um die Inhalte im Sinne eines ,,curricularen Lehrplans" fördern.[1] Die Beispiele sind in ihrem prozeßhaften Ablauf nicht übertragbar. Sie lassen sich jedoch, verknüpft mit entsprechenden Curriculumelementen, als Material in ein offenes Curriculum einordnen und sind von daher erst zum Transfer geeignet.

Die Beschreibung des Unterrichts soll didaktische und methodische Probleme aufzeigen, ohne in einem exakten Lernzielkatalog im einzelnen Grob- und Feinziele zu entwickeln. Die hier beschriebenen Unterrichtsprozesse sind Versuche. Sie sind wissenschaftlich noch nicht detailliert abgesichert, da ein Unterricht, der von der Methode her sich eher als ,,wahldifferenzierter Unterricht" entwickelt,[2] mit einer Vielzahl nicht vorhergesehener Faktoren konfrontiert wird und sich von daher erst neue und bessere Wege erschließen lassen.

Die nachfolgenden Unterrichtseinheiten sind Beispiele für prozeßorientiertes, experimentelles Vorgehen. Die Lerngruppen waren durch interessenbezogene Steuerimpulse maßgeblich beteiligt. Da der Schwerpunkt auf dem Alltagsbereich der Schüler lag, war ihre Mitwirkung auch bei der Themenstellung notwendig, um auf ihre reale Situation eingehen zu können. Da der Unterrichtsprozeß aus der ,,Situation an der Basis" entstand und sich von dort aus entwickelte, diente er als Einstieg zu situationsbedingter Reflexion und aktivem Handeln.

Die Verhaltensreaktionen der Schüler auf die jeweiligen Inhalte ließen sich an ihrer ästhetischen Praxis ablesen. Hier zeigte sich, inwieweit sie selbständige Problematisierungsansätze veranschaulichen konnten und welche Reflexionsebene sie erreicht hatten. Die Erfahrungen, die die Schüler bei ihren Arbeiten machten, wurden beim gemeinsamen Vergleich erweitert und zum Alltagsbereich ständig rückgekoppelt, um diesen aus kritischer Sicht zu sehen.[3] Hier liegt der Bezug zur kritischen Theorie. Die ästhetische Praxis ist das Feld, auf dem Alternativen sinnlich erfaßbar dargestellt, gestaltet und reflektiert werden können. Der Versuch, die Schüler in unterschiedlicher Form tätig sein zu lassen, hatte das Ziel, Fremdsteuerungen der Reflexion zugänglich zu machen und Selbststeuerung einzuüben, sei es auch nur in bescheidenen Teilschritten. Unter diesem Aspekt trat auch zwangsläufig das Problem der ,,Erfolgskontrolle" zurück.

Wegen des prozeßhaften Charakters lag der Schwerpunkt nicht auf den endgültigen Ergebnissen, sondern auf den unterschiedlichen Arbeitsschritten, die diesen Prozeß bestimmten und ihn steuerten. Im Rahmen dieser Arbeit wird aus Raumgründen die Beurteilung von Schülerarbeiten nicht mitthematisiert, obgleich sie ein wichtiger Faktor während der Durchführung von Lernprozessen ist. Hier war das Ziel, durch gemein-

same Erarbeitung der Beurteilungskriterien die Schüler zu befähigen, ihre Arbeiten selbst zu bewerten und sich gemeinsam mit dem Lehrer an der abschließenden Beurteilung zu beteiligen.
Auch die detaillierte Beobachtung des Prozesses, bei dem Theorie und ästhetische Praxis ständig wechselten und sich überschnitten, wird hier nicht wiedergegeben, zugunsten einer stärkeren Zusammenfassung unter Problemstellungen. Die ständig reflektierten Prozesse, die Problematik der Inhalte, der Aktionen und Reaktionen soll vielmehr Anregung sein für die eigene Praxis.

Die Thematik der Unterrichtseinheiten stand unter folgenden Aspekten:

1. Anknüpfung an den Alltagsbereich (primäre Realität) und Verknüpfung mit interessegeleiteter ästhetischer Praxis.

2. Organisation unterschiedlicher Erfahrungsebenen und Lernfelder innerhalb konkreter (bzw. authentischer) Situationen, die außerhalb des Bedingungsrahmens Schule verfügbar gemacht werden mußten.

3. Bereitstellung der Möglichkeit, im spielerischen Rahmen Erfahrungsfelder situativ wiederholbar, somit unterschiedlich erlebbar und – nach der Problematisierungsphase – als steuerbar zu erkennen.

4. Entschlüsselung der Darstellungs- und Erscheinungsformen der primären Realität in der ästhetischen Realität.

5. Erleben und Erkennen der ästhetischen Praxis als ein Medium für Selbst- und Umwelterfahrungsprozesse auf dem Weg der sinnlichen Erkenntnis.

2. Körpererfahrung und ihre Darstellung im Medium

Klasse 6, 35 Schüler (19 Mädchen, 16 Jungen).
2 Unterrichtsstunden pro Woche, Dauer der Unterrichtsreihe: ca. 12 Stunden.
Thema: In sinnlicher Körpererfahrung wird die Paßform einer Jeanshose untersucht und bildnerisch interpretiert. Ihre Präsentation auf einem Werbeposter soll analysiert werden.

Explorationsphase. Die eigene Befindlichkeit: ein Maßstab für Beurteilung
Die Schülerinnen und Schüler der Klasse 6 erschienen an einem Tag alle in langen Hosen unterschiedlichster Marken und Materialien. Es ergab sich ein Gespräch über die Kaufgewohnheiten bei Hosen, wobei sich herausstellte, daß die Kinder zumeist mit ihrer Mutter einkaufen gehen, jedoch über den Kauf der Hose recht selbständig entscheiden können, da sie die Hose ja auch tragen müssen. Die Hauptargumente für die Entscheidung waren guter Sitz und Strapazierfähigkeit, wobei von den Kindern der gute Sitz auch als Bewegungsfreiheit interpretiert wurde. Der finanzielle Aufwand kam auch zur Sprache und wurde als wichtiger Gesichtspunkt bei der Wahl genannt. Die Frage, ob sie mit ihrer Hose noch zufrieden seien, animierte die Schüler, in der Klasse herumzulaufen und sich durch Verrenkungen zu vergewissern, ob die Hose tatsächlich gut saß. Auf die Frage konnten sie also nicht direkt antworten, da sie plötzlich auf das Problem der Tragegewohnheit aufmerksam wurden. Dadurch wird deutlich, daß die Schüler merkten, daß man sich an bequeme Kleidung ebenso gewöhnen kann wie an unbequeme.

Die bildnerische Darstellung als Mittel der Information
Um diesen Vorgang des Bewußtwerdens zu unterstützen, bekamen die Schüler die Aufgabe, sich selbst in der jeweiligen Hose bildnerisch dar-

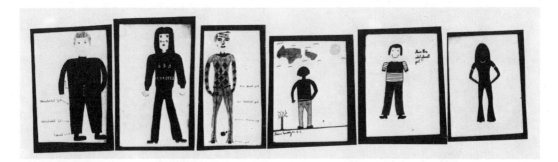

zustellen. Der Sitz der Hose konnte auch ergänzend durch Text ausgedrückt werden. Je nach Entwicklungsstufe, Temperament und Erlebnisgrad ergaben sich zwei unterschiedliche Darstellungsweisen. Einmal stand die Figur steif und unbeteiligt da. Dann übernahm der Text allein die Information. Hier blieb auch der Betrachter weitgehend unbeteiligt.

Bei der anderen Gruppe war die Figur belebter und wies schon durch ihre Haltung auf eine Befindlichkeit hin, die zusätzlich durch den Text ergänzt wurde. Durch diese Verschränkung riefen sie beim Betrachter eine Erwartungshaltung wach. Bei der folgenden Besprechung interessierten sich die Schüler jedoch kaum für die Darstellung der Bequemlichkeit der Hosen, sondern vor allem dafür, ob die Darstellung dem Betreffenden ähnlich sah. Sie beurteilten aber immerhin diejenigen Figuren besonders gut, die durch ihre Körpersprache etwas von der Bequemlichkeit oder Unbequemlichkeit der Hose vermittelten.

Von der Schwierigkeit einer Bewegungsdarstellung auf der bildnerischen Entwicklungsstufe dieses Alters einmal abgesehen, fehlte den Schülern auch noch die bewußte Körpererfahrung, da die Gewohnheit des ständigen Tragens eine Bewußtwerdung erschwert hatte.

Spielerische Materialerprobung als Aktion
Um die bis jetzt noch unbewußt gebliebenen Materialeigenschaften der Hosen und die sich daraus ergebenden Folgen für die Funktion dieses Kleidungsstückes sinnlich erfahrbar zu machen, schneiderten die Schüler zunächst aus mehreren Tageszeitungen Papierhosen. Sie wurden stückweise zusammengesetzt und ständig ‚angepaßt'. Da das Papier dabei auch zerriß, wurden Bahnen doppelt gelegt und fest verklebt. Es entstanden sehr unterschiedliche Hosenmodelle. Wegen der schwierigen Verarbeitungsweise des Zeitungspapiers war eine Orientierung an Modevorbildern von vornherein ausgeschlossen. Die Kinder legten sich zum Anziehen der sperrigen Hosen auf den Boden, bekamen die Hosen übergestreift und wurden von anderen Klassenkameraden mit vereinten Kräften auf die Füße gestellt. Breitbeinig, unter Geraschel bei jedem Schritt, stelzten sie durch die Klasse und ließen sich bewundern. Es gab Gelächter wegen der selbst verursachten Hilf-

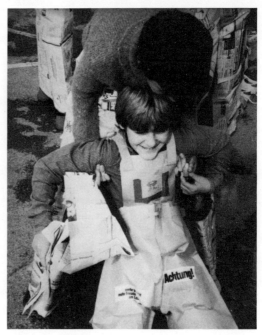

losigkeit und Plumpheit. Besonders komisch war die Wirkung einer mit Stoff und Litzen ausgestalteten, von fern wie echt aussehenden Hose, die in Widerspruch geriet zum plumpen Bewegungsablauf beim Gehen. *Verfremdete Anwendung macht Materialeigenschaften und damit zusammenhängende Auswirkungen bewußt und somit der Reflexion zugänglich.*
In der großen Pause gingen die Schüler auf den Pausenhof, um die Reaktionen der übrigen Schulkameraden zu testen. Sie stolzierten erst schüchtern, dann aber zunehmend selbstbewußter einher und genossen die Aufmerksamkeit der anderen. Von hier aus war es nur ein kleiner Schritt, eine Modenschau zu veranstalten. Die von vorführenden Mannequins abgeschauten Posen standen in seltsamem Kontrast zur Papiermode. Dies wirkte um so eigenartiger, da die Schüler so taten, als ob alles in Ordnung sei. Ein beginnender Regen löste die Modenschau auf, die Schüler begannen im Regen herumzutoben, Fangen zu spielen und sich die Papierkleider abzureißen.
Spielerisch durchgeführte Destruktion von Material verstärkt den Prozeßcharakter einer Lernsituation und fordert zu neuen Handlungsversuchen und zur Erschließung weiterer Erfahrungsfelder auf.
Die Schüler erschienen sehr zufrieden wieder im Klassenraum, obwohl fast alle Hosen zerrissen und im Papierkorb gelandet waren; jedoch empfanden sie die bewußte Destruktion des Materials wie eine Erlösung nach der Einschränkung der Bewegungsfreiheit im üblichen Unterricht. Bei einer rein sprachlichen Ebene entfiele nicht nur die körperliche Erfahrung mit dem Material, sondern auch der mühelose Lustgewinn, der die Schüler stimulierte und zur Weiterarbeit motivierte.[4]
Lustgewinn über bewußt erlebte Körperlichkeit als schulische Primärerfahrung erleichtert dem Schüler eine intensive Lernmotivation zu entwickeln, also primär motiviert zu sein.[5]

Nach Beendigung der Aktion wurden die Stoffhosen mit Genuß wieder angezogen. Ihre Bequemlichkeit wurde jetzt bewußt als angenehm erlebt, zu große Enge und störendes Zwicken bewußt als störend empfunden. Das Experiment mit verfremdetem Material hatte bewirkt, daß das Bewußtsein für die haptischen Sinneserfahrungen am ganzen Körper geschärft wurde.

Dies war eine wichtige Basis für den weiteren Verlauf der Unterrichtsreihe.

Schüler proben ihre Rolle als kritische Konsumenten

Zu Beginn der Unterrichtsvorüberlegungen ergab sich die seltene Gelegenheit für die Schüler, als wichtige Instanz bei der Beurteilung eines Produkts, nämlich „Jeanshosen", die auf den Markt kommen sollten, mitwirken zu können. Es ging darum, die Hose unter verschiedenen Aspekten wie Paßform, Farbe, Material, Schnitt, Taschen, Namen zu beurteilen. Allerdings sollte hierbei kein passives Kaufverhalten trainiert werden, sondern durch eine verfremdete Kaufumwelt bewußt gemacht werden.[6]

Anders als in der kaufanreizenden Situation einer Boutique, deren Räumlichkeiten z.T. im Ranchstil oder anderen stimulierenden entliehenen Situationen ausgestattet sind, wirkte der Klassenraum plötzlich, sonst alltäglicher Lernort für symbolische Aneignung, verfremdet und deplaciert. Die ungewohnte Erscheinung von zwei schmucklosen, und daher langweiligen Pappkartons, aus denen die Jeans, halb in zerknittertes Einwickelpapier gehüllt, herausquollen, wirkte frustrierend, da die Erwartungshaltung der Käufer sich längst unbewußt auf Synästhesie eingestellt hat.

Gemeinsam mit den Schülern wurden die Größen sortiert und über die Sitze gelegt. Nun wirkte diese Ecke des Raumes wie ein Warenlager, von dem aus die Ware in eine schicke Boutique erst ausgeliefert werden sollte. Der Nebenraum wurde zur Umkleidekabine und die Klasse durch die Demonstrationen der Schüler zu einer Art unorganisiertem Laufsteg. Sie drehten sich, bückten sich und versuchten Luftsprünge. All dies ging verhältnismäßig ruhig, in selbstbezogener Konzentration vor sich. In beiden Räumen war, wie üblich, kein Spiegel, in dem sich die Schüler hätten begutachten können. Es kam auch keiner auf die Idee, nach einem noch so kleinen Spiegel zu fragen. So bezog sich die gesamte Konzentration allein auf die haptischen Körpererfahrungen. Die Schüler fuhren sich mit der Hand über das Gesäß und über die Oberschenkel, um zu prüfen, ob sich dort Falten bildeten (Falten können die Haut einquetschen und verursachen deshalb Schmerzen). Taschen wurden hinsichtlich ihrer Größe ausprobiert, indem Gegenstände hineingesteckt wurden (dies besonders von den Jungen). Der Kaufgegenstand konnte hier durch den Wegfall aller die Sinne beeinflussenden Manipulationsmöglichkeiten allein auf seinen Gebrauchswert, also seine Funktion als Kleidungsstück, geprüft werden.

Da die Kinder, wenn sie nicht durch Erwachsene fremdgesteuert werden, mehr ihren echten Bedürfnissen in bezug auf Kleidung und Beweglichkeit Beachtung schenken, und ihre sinnliche Erfahrung im haptischen Bereich noch nicht in dem Maße wie bei den Erwachsenen verkümmert und verdrängt wurde, fühlen sie sich auch entsprechend sicherer in der Beurteilung ohne Spiegel. Sie verließen sich auf ihr Körpergefühl und vermißten die Reduzierung des Optischen nicht.

Die Bedeutung der Reduktion auf vorwiegend haptische Erfahrungen – und die sollten bei einem Kleidungsstück ausschlaggebend sein – wird klar, wenn man weiß, wie stark das Kaufverhalten sonst von optischen Medien und Manipulationen beeinflußt wird. Wenn man bedenkt, daß Spiegel in den Boutiquen und Kaufhäusern häufig so geschliffen sind, daß sich der Betrachter schlanker als in Natur erblickt, und die nicht sichtbare rosa Einfärbung des Glases ihm eine lebendige, pulsierende Hautoberfläche verleiht, zu der mehr Farbtöne als in der Realität passen, wird deutlich, wie stark die manipulierte visuelle Sinneserfahrung das Kaufverhalten steuert. Der Spiegel wird eingesetzt bei einer Inszenierung von Scheinwirklichkeit, die es nur in der Boutique gibt, und die den Konsumenten in der Masse der übrigen Konsumenten zu einem Hauptdarsteller innerhalb dieser Inszenierung werden läßt. Da die visuelle Wahrnehmung durch Leitbilder in der Mode entsprechend vorgeprägt und konditioniert ist, wird der Konsument als Hauptakteur in der Scheinwelt des Spiegels den Stil und die Paßform seiner Kleidung danach überprüfen, ob sich die erworbenen Wahrnehmungsmuster mit der Erscheinung seiner selbst decken. Gespiegelt wird er nicht mehr als Individuum, sondern als entfremdetes Objekt, das zum Stereotyp und zum Abziehbild der „Postergesellschaft" und Schaufensterpuppen reduziert wurde.

Bildnerische Praxis und/oder/statt Fragebogen
Als Stellungnahme waren die Kinder vom Hersteller gebeten worden, einen Fragebogen in bezug auf ihre Erfahrungen auszufüllen. Es wurde von den Kindern kritisch vermerkt, daß z.B. der Verschlußknopf drückt, die Taschenfütterung kratzt, sich beim Bücken Kneiffalten ergaben und vor allem, daß der geplante Name ‚Rolo' an den Namen einer Schokoladenbonbonrolle erinnere, und somit für Jeanshosen überhaupt nicht passe. Auch hier (als Parallelfall zu dem Thema Bio-Vital, S. 72) war der Name bereits mit dem Produkt eine Liaison eingegangen. Daß die Kinder damit ganz im Sinne der Werbung agierten, wurde ihnen im Gespräch deutlich. Die für die Werbung notwendige Originalität, ein Produkt mit den dazu erwünschten Assoziationen gezielt zu belegen, um verkaufsanreizend zu wirken, wurde von den Schülern nachgespielt, indem sie Namen für die Jeans ausdachten wie: Hippie, Beach, Kiss, California, Easy Rider, stars and stripes usw. Die Amerikanismen deuten auf die Überflutung amerikanischer Produkte in unserem Alltagsleben hin, ebenso wie auf die Leitbilder aus Film und Fernsehen aus der Cowboywelt und der Zigarettenwerbung, die die Sehnsucht des verplanten Städters nach Freiheit und Natur vermarktet. Es war für die Schüler nicht schwer, diese Assoziationen herzustellen. Das Durchspielen der Namensgebung öffnete sie für die wichtige Funktion von Bezeichnungen, die dann zum Zeichen für ein Produkt werden und sich damit an Zielgruppen orientieren.

Da die Fragebögen sehr unanschaulich wirkten, stellten die Schüler ihre Erfahrungen noch einmal bildnerisch dar. Während sie die Figuren bei der ersten Zeichnung weitgehend unbeteiligt sein ließen, griffen sie nun deutlich auf die Möglichkeit zurück, um über die visuell-gesturale Kommunikation ihren Eindruck zu vermitteln. Darüber hinaus setzten sie noch zusätzlich Objekte ein, die noch mehr Aktion ins Geschehen brachten. Ein Junge schwingt fröhlich Fähnchen. Er trägt Jeans und der Markenname schwebt über allem. Ein Mädchen fährt schwungvoll Rollerbrett. Sie bringt

eine fröhliche Stimmung zur Geltung. Zusammen mit dem positiven Text erreicht sie einen angenehmen Eindruck.
Mit diesen Teilschritten waren die Schüler nun genügend auf die Analyse eines Posters eingestimmt. Es galt jetzt, herauszufinden und zu überprüfen, ob und inwieweit sie in die Lage versetzt worden waren, sich kritisch gegenüber der rein optischen Nachricht eines Jeansposters zu verhalten.

Analyse eines Posters als Vergleich mit eigenen Erfahrungen der Realität
Die Untersuchung konnte ohne besondere Aufforderungen, Anstöße und Hilfestellung durch Fragen durchgeführt werden. Ausgeklammert wurde bei der Besprechung der Aspekt „Jeans als Ideologieträger", da der Schwerpunkt auf der Entwicklung der aktiven Wahrnehmung lag: der Bewußtmachung von Sinnlichkeit, Material und Körperlichkeit in der Realität und ihrer Manipulation im Abbild. Mit ihren Worten trifft eine Schülerin den Kern des Problems, wenn sie schreibt: „Das Jeansmodell auf dem Poster soll dem Betrachter ausdrücken – wenn du ein Typ bist wie ich, ist diese Hose was für dich! – doch eine Posterreklame (und auch andere) ist meistens nicht wahr. Man soll nicht sehen, ob die Hose sitzt oder nicht. Das merkt man erst beim Tragen. Fast immer muß man die Hose unter ‚Zwicken' so lange eintragen, bis sie einen nicht mehr ärgert."
Möglicherweise wäre diese Einsicht auch ohne die unterschiedlichen Schritte innerhalb der ästhetischen Praxis erreicht worden. *Wesentlich jedoch bei Lernprozessen sollte nicht sein, wie schnell der Lehrer zu dem erwarteten Ergebnis kommt, bzw. die Schüler unter starker kognitiver Beanspruchung seitens des Lehrers es „aus sich heraus" verbalisieren. Der schülerorientierte Lernprozeß, der für den Schüler unterschiedliche Verhaltensmöglichkeiten bereitstellt, führt im schulischen Rahmen zu einer Erlebnisdimension, die die unterschiedlichen Bedürfnisse des*

Schülers gefächerter auffangen und mit ihnen korrespondieren kann. Er fühlt sich dadurch intensiver angesprochen und mehr motiviert, Lernen auf unterschiedliche Arten auszuprobieren.

3. Zeichnen als Lust- und Affektvermittlung und Auslöser für Kommunikation

Klasse 7, 34 Schüler (18 Mädchen, 16 Jungen). 2 Einzelstunden pro Woche, Dauer der Unterrichtsreihe ca. 5 Stunden.
Thema: Erfahrungen im haptischen Bereich werden mittels unterschiedlicher zeichnerischer Ausdrucksmöglichkeiten weitervermittelt.

Explorationsphase
Eines Morgens stand wie zufällig ein präparierter Hase, ein Demonstrationsobjekt aus der Biolo-

giesammlung, auf einem Schülertisch der Klasse 7. Der Hase wurde von der Klasse mit großer Aufregung betrachtet. Obwohl alle Schüler ausgestopfte Hasen aus Metzgereien, von Waffengeschäften oder als künstliches Kuscheltier aus Spielzeugläden kannten, war ein Hase im Klassenzimmer Anlaß genug, sich zu freuen und die Abwechslung zu genießen. Spontan wurde er von allen Seiten betrachtet und gestreichelt. Die Begeisterung der Kinder verweist hierbei auf die Defizite des Schulalltags, in dem lustauslösende Realität niemals direkt, sondern immer nur vermittelt empfunden werden kann.[7]

Doch nicht alle Kinder mochten den Hasen, nachdem sie ihn berührt hatten. Der harte, ausgestopfte Leib unter dem weichen Fell enttäuschte sie, und schmälerte den Tastgenuß beträchtlich. Das Tasterlebnis war geringer als der Augenschein erwarten ließ. Die Tastwahrnehmung erwies sich sinnfällig realitätsträchtiger als die visuelle. Der Unterschied von Sein und Schein wurde bewußt.

Der Vergleich mit dem eigenen zahmen Häschen zu Hause ließ die Hasenbesitzer kritisch sein, während die meisten anderen Kinder schon mit dem Ersatz vorlieb nahmen (ein deutlicher Hinweis auf die Anfälligkeit für Ersatz). Rainer erbot sich, sein Häschen in der nächsten Stunde mitzubringen, weil es schöner sei und sich besser anfühle.

Grafische Darstellung als Botschaft
Die Klasse wünschte von sich aus, den Hasen zu zeichnen, da sie – für diese Phase nichts Ungewöhnliches – großen Spaß am Abzeichnen hat. Es traf sich, daß ein Schüler einen Zeichenblock hatte, auf dessen Deckblatt das Foto eines Hasen abgebildet war.

Obwohl Kinder häufig von der Perfektion eines Fotos irritiert sind und jammern, daß sie „so was Tolles nie zeichnen oder malen könnten", wurde diesmal diesem Abbild nicht die Aufmerksamkeit geschenkt, die solche Bilder gewöhnlich wegen ihrer Ersatzfunktion im Schulalltag bekommen. Der tote Hase auf dem Schülertisch schien mehr Chancen zu haben als jeder noch so gut fotografierte Kuschelhase. Das hier so einfach zu befriedigende Bedürfnis nach haptischem Erlebnis diente uns somit dazu, Kontakt mit der Realität aufzunehmen, um sie anschließend zu interpretieren.

Es entstanden eine Reihe von Zeichnungen, die den Hasen linear darstellten. Sie waren in kurzer Zeit fertiggestellt und zeigten ohne Ausnahme eine klare Seitenansicht. Dies erklärt sich daraus, daß die formalen Probleme einer Vorder- und Rückansicht oder gar der Dreiviertelansicht mit den Verkürzungen und Überschneidungen noch nicht der Gestaltungsstufe dieses Alters entsprechen. Es fehlten aber bei diesen Hasen-Zeichnungen auch die sonst so oft benutzten, jedem bekannten Klischees der Comic- oder Fernsehfiguren. Der übliche verinnerlichte Kontext schien hier durchbrochen. Im Alltag – und das gilt besonders für den Schulalltag – haben die Kinder von klein auf nur mit vermittelter (sekundärer) Realität zu tun (Film, Fernsehen, Illustrierten, Comics, Schulbücher, Zeichenvorlagen, Stickvorlagen, Klebebilder), deren lineare Darstellung zur bequemeren Konsumierbarkeit mit Übertreibungen, Verzerrungen und Klischees arbeitet. Bei Themenformulierungen fallen so den Kindern aufs Stichwort sämtliche gespeicherten Klischees ein. Die Defizite an eigenen primären Erfahrungen, die den verordneten Erfahrungen gegenüberstehen, lassen die so häufige Anwendung der Klischees verständlich werden. Erst in dem Augenblick, wo die realen Dinge selbst und nicht nur ihre Abbilder vorhanden sind, werden sie sinnenhaft erlebt und zum Ausgangspunkt für die Umsetzung (bzw. Interpretation) ins Bildnerische.

Da die Tasterlebnisse der Schüler für die Zeichnungen bisher folgenlos geblieben waren, konnte hier ein Unterrichtsgespräch ansetzen, das sich unmittelbar während einer neuen Tastaktion ergab. Rainer hatte seinen lebenden Hasen mitge-

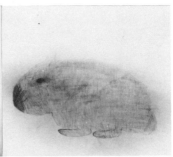

bracht und ließ ihn quer über den Tisch laufen. Jeder durfte das Tier anfassen und streicheln, und die Kinder genossen sichtlich die warme Weichheit des Fells und die Elastizität des Körpers.

Nachdem wir den Hasen zur Erholung wieder in sein Körbchen gesetzt hatten, wurde im Gespräch das jetzt bewußte Tasterlebnis mit der Zeichnung verglichen. Jeder erkannte, daß die Zeichnungen die gerade erlebten haptischen Qualitäten noch gar nicht zum Ausdruck brachten. Daraufhin begannen die Schüler aufs Neue, mit zeichnerischen Mitteln die weiche Fellstruktur zu betonen. Die Aufmerksamkeit eines Betrachters sollte sofort darauf gelenkt werden, und man sollte das Bedürfnis haben, das dargestellte Tier zu streicheln.[8] Bei diesem Ziel spielte die Selbsterfahrung der Schüler eine zentrale Rolle.

Obwohl der zeichnerische Anlaß für alle Kinder derselbe war, fielen die Interpretationen doch sehr unterschiedlich aus. Da es nicht darum ging, ein „fehlerfreies" Abbild des Hasen zu zeichnen, sondern das Erlebnis des Optischen und Haptischen zu vermitteln, waren die Abweichungen verständlich und wichtig. Die Zeichnungen spiegelten nicht nur unterschiedliches bildnerisches Vermögen, sondern auch den Grad des sinnlichen Erlebens.

Die zeichnerische Darstellung der haptisch erlebten Stofflichkeit fiel den Schülern recht schwer, da sie den Bleistift mechanisch ansetzten, ohne die Fellstruktur des Hasens zu beachten. Immer wie-

der war eine Rückkoppelung zum echten Hasen notwendig, um die bildnerische Interpretation zu überprüfen. Gespräche untereinander verschärften die Sehweise und verbesserten die Interpretationen. Der Vergleich mit anderen Schülerarbeiten regte sie zu neuen Versuchen an, den Bleistift strichelnd oder punktend einzusetzen, Bleistiftspuren mit einem Tuch weichzuwischen, damit sich die Umrißlinien nicht gegenüber den dargestellten ertasteten Texturen zu sehr in den Vordergrund drängten.

Die Schwierigkeiten, die die Schüler mit dem Bleistift hatten, motivierte sie dazu, ein weiteres Arbeitsmaterial auszuprobieren. Die weiche, schwarze Farbigkeit der Zeichenkohle kam der weitausholenden Motorik der Kinder in ihrer leichten Führungsmöglichkeit mehr entgegen als der eher spröde Bleistift. Vor allem visualisierte er müheloser die ertastete Fellstruktur des Hasen. Der geringere zeitliche Aufwand wurde bei diesem Material wichtig, da die Kinder mittlerweile für sich das Thema erschöpfend genug behandelt hatten. Es fiel ihnen leicht, das benutzte Material kritisch im Hinblick auf das Erreichte zu betrachten und die Wichtigkeit des gezielten Einsatzes unterschiedlicher Medien zu einer für alle verständlichen Aussage zu erkennen.

Unter diesem Aspekt ist der überlegte Einsatz von Medien und bildnerischen Faktoren nicht bildimmanent geblieben, sondern notwendiges Vorgehen im Bereich der interpersonellen Kommunikation.

Das Tastobjekt als Kommunikationsauslöser

Die Atmosphäre in der Gruppe war gelöst und fröhlich. Während der Tastaktion an dem lebenden Hasen entstand zwar ein höherer Lärmpegel als üblich, doch ist akustisch geäußerte Begeisterung und Freude wohl zu unterscheiden von den lautstarken Ausbrüchen gelangweilter frustrierter Schüler.

Die stattfindende Kommunikation blieb ständig sachorientiert und motivierte die Schüler zu einer Arbeitsintensität, die mit Lust und Fröhlichkeit verknüpft war.[9]

Die Notwendigkeit, das Modell zu betasten, wurde von den Schülern gern genutzt, um häufiger als üblich den Platz zu verlassen (Ventil für Motorik). Doch zeichnen, aufstehen, gehen, stehenbleiben, betrachten, sprechen, betasten, beobachten und wieder weiterarbeiten war ein motivierendes Miteinander verschiedener Tätigkeitsformen, die sich natürlich und dennoch durchaus sachorientiert zueinander verhielten.

Bei der Gelegenheit geschah es auch, daß einige Schüler die Lehrerin absichtlich in ein kurzes Gespräch verwickelten, um dabei wie zufällig deren Fellweste zu streicheln. Hier wurde völlig zwanglos das Tabu außer Kraft gesetzt, den Lehrer außer beim Händeschütteln niemals anzufassen. Während sich die Schüler ganz entspannt auf legitime Weise dieses Tasterlebnis verschafften, wurden sie ihrerseits spaßhaft von anderen Schülern an den Haaren gezogen bzw. „gestreichelt" und in den „weichen Hosenstoff" gekniffen. Ganz deutlich wurde hier das Ausprobieren einer nonverbalen Kommunikation und der Versuch, herauszufinden, wie weit man dabei gehen durfte. Die gute Stimmung während dieser Zu-,,griffe" förderte eine positive Interaktion in der Arbeitsgruppe.

Collage als gestaltete Realität
Überraschenderweise brachte eine Schülerin während unserer Arbeit eine Materialcollage mit, die sie zu Hause, angeregt von unserem Thema, angefertigt hatte. Sie hatte ein Fell in Hasenform auf eine Holzplatte geklebt und mit einem Drahtgitter überzogen, Strohreste, eine aufgeklebte echte und aufgemalte Möhre, ein ausgeschnittenes Illustriertenfoto mit einem Salatkopf vervollständigten das Ensemble.

Die anderen Schüler begeisterten sich sehr an dieser Arbeit und lobten vor allem die gute Idee. Die Art des Machens ließen sie sich genau erklären, wobei sie gleichzeitig mit den Händen die unterschiedlichen Materialien betasteten und auf ihren Realitätsgrad hin untersuchten, der ihrer Meinung nach sehr groß war. Sie bemerkten dazu: ,,Der sieht ja aus wie echt!" Sie empfanden diese Lösung als logisches Zwischenglied zwischen der Realität des lebendigen Hasen und der eigenen bildnerischen Bemühung. Da sie die Form der Collage kannten, erschien ihnen weniger die Technik bemerkenswert als die Interpretation eines Hasen im Stall, die hier alle räumlichen und haptischen Qualitäten ansprach.[10]

Der Dürer-Hase: Ein reaktualisiertes Thema aus der auratischen Kunst im Schulalltag
Zum Abschluß sahen die Schüler den Dürerschen Hasen auf einer Osterpostkarte. Die Reaktion darauf war unbefangen und zeigte Begeisterung. Einige Schüler kannten das Bild, weil ihre Eltern es als Druck zu Hause hängen hatten, andere wußten, daß es von Dürer war und einer konnte es sogar beinah richtig datieren. Die Schüler äußerten: ,,Der Maler wollte den Hasen so malen, als ob er lebendig und weich und warm ist, und das hat er gut hingekriegt!" Die Bewunderung galt dabei vor allem dem Dürer-Hasen als ästhetischem Schein der Wirklichkeit, der in den Kindern Emotionen ausgelöst hatte, und der Fertigkeit des Malers, der so überzeugend den ästhetischen Schein bewirken konnte. Die Anerkennung der Leistung Dürers beruhte auf der erst nach eigener Arbeit möglichen Einsicht in die Schwierigkeiten einer lebendigen Darstellung tastbarer und sichtbarer Objekte.

Die ehrfurchtsvolle Distanz, die die Schüler leicht zum Kunstwerk aufgrund seiner nicht hinterfragten Aura entwickelt hätten, ließ sich hier über die reflektierte ästhetische Praxis (vor allem im Hinblick auf die Wirkung des ästhetischen Scheins) thematisieren und ermöglichte auf diesem Wege einen Schritt zur Kommunikation mit Kunst. Die Eigenerfahrung und die Entwicklung von Selbstwertgefühl durch Arbeit, die die Schüler befriedigte, sensibilisierte sie auch für die Wahrnehmung

anderer ästhetischer Objekte. Sie lernten, Fragen und Probleme, auf die sie bei ihrer eigenen Arbeit gestoßen waren, an andere ästhetische Objekte zu richten und die ästhetische Gestaltung im Hinblick auf eine dahinterliegende Bedeutung wahrzunehmen.

4. Die Untersuchung einer Produktform und ihrer sinnlichen Wirkung

Klasse 9, 17 Schülerinnen.
1 Doppelstunde pro Woche, Dauer der Unterrichtsreihe: ca. 8 Doppelstunden.
Thema: Untersuchung der Flaschenform eines Vitamin-Produkts (Bio-Vital) und seines Verpackungskartons über die haptische und optische Wahrnehmung. Erstellen einer neuen Konzeption zu der untersuchten Flaschenform und des Verpackungskartons.

Explorationsphase
Rollenspiel als Auslöser für Erfahrungen
Die Problematik des Designs als „Verkaufskosmetik" läßt sich nicht – wie es die Visuelle Kommunikation versuchte – allein über rationale Analyse aufdecken, da letztlich „die Macht sinnlicher Bedürfnisse stärker ist als die Macht des von der Sinnlichkeit getrennten Rationalen".[11]
Erst über die Ästhetische Praxis, die den Bedingungsrahmen Schule miteinbeziehen muß, können die Lernenden Zusammenhänge ihrer eigenen Sinnlichkeit mit der Umwelt erstellen und reflektieren lernen. Deshalb diente als Einstieg ein Rollenspiel.[12]

Personen: Apotheker, Mutter, Kind
Eine Kundin kommt in die Apotheke und möchte ein Vitaminprodukt kaufen. Der Apotheker empfiehlt eine große „Sparflasche" Bio-Vital. Zu Hause will die „Mutter" die Flasche aus der schmalen Schachtel herausnehmen, greift sie wegen der Enge nur an der Verschlußkappe und hebt sie hoch, doch in halber Höhe rutscht die Flasche mit einem schweren Plumps wieder nach unten. Die Verschlußkappe bleibt in den Fingern zurück. Um ein weniges wäre die Flasche auf den Fußboden gefallen und zerbrochen. Schrecken malt sich auf dem Gesicht der „Mutter" und den anderen Schülerinnen ab. Kommentar des „Kindes": „Jetzt hättest du beinah die Flasche kaputtgemacht!" Beim zweiten Versuch wird die Flasche mit vier Fingern am Flaschenbauch umfaßt, da das Gewicht für den Hals zu schwer ist. Durch den erlebten Schrecken hat die „Mutter" jedoch feuchte Finger bekommen und aufgrund des Gewichtes der Flasche und der Glätte des Glasmaterials glitscht sie beinahe wieder aus den Fingern. Übervorsichtig wird die auf den Tisch gestellt.

Kritisches Verhalten zur Sache wird vor allem durch zu gewinnende Erfahrungen an der Sache selbst entwickelt.
Der vom Lehrer inszenierte Schrecken sollte dazu dienen, Verhaltensreaktionen herauszufordern. Das Lernen von Verhaltensweisen bezieht sich hier über die kognitiven Aspekte hinaus auf emotionale Bereiche, die dabei hinterfragt werden können. Erlebnisse vermögen dabei Schwerpunkte zu setzen und Ordnungen zu schaffen, die interessegeleitet sind. Durch das Ausprobieren des eigenen Verhaltens im Umgang mit dem Produkt, und da den Schülern die Fehlfunktion der Verschlußkappe vorher nicht bekannt war, konnte eine fast authentische Situation hergestellt werden, die zu einer wichtigen Erfahrung mit dem Produkt, genauer mit dem Design seiner Verpackung, führte. Die Gruppe wurde auf diese Weise motiviert, sich in mehrere Rollen hineinzuversetzen:

die Rolle des Käufers, der Geld verliert, ohne Anspruch auf Ersatz,
die Rolle des Kindes, das die Flasche nicht selbst bedienen kann, da diese selbst für Erwachsene „unhandlich" ist,
die Rolle eines Herstellers, der wissentlich ein

Produkt auf den Markt bringt, dessen Gebrauchswert schlecht ist und damit den Kunden um seinen Anspruch betrügt,
die Rolle des Schülers als Lernenden, der den Vorgang, die technischen, formal-ästhetischen und ökonomischen Aspekte und die unterschiedlichen Verhaltensmuster und Erwartungen erkennen und durchschauen möchte.[13]

Neugierde als Initiator für die Reflexionsphase
Durch die vorangegangene Aktion waren die Schüler motiviert, die Ursachen des „Versagens" am Objekt selbst und seine Hintergründe zu erforschen. Sie wollten die Flaschenform, die Verpackung untersuchen und den Begleittext kritisch durchleuchten.
Prozeßorientiertes Lernen entwickelt sich entsprechend und gemäß den Bedürfnissen der Lerngruppe subjektbezogen, sachorientiert und zielbewußt.

Textanalyse
Die Schüler bemerkten bei der Untersuchung des umfangreichen Textes auf dem Verpackungskarton, daß er wenig Information enthielt, statt dessen jedoch sich ständig wiederholende Werbung, die als Information verkleidet war. Als unseriös bezeichneten sie den Slogan „3fache Kraft zum Wachsen, Lernen und Spielen", der ihrer Meinung nach nicht zu einem medizinischen Produkt paßte und das Produkt in die Nähe der Waschmittelwerbung rückte.[14] Der Schriftzug „Dr. Schieffer" und vor allem der akademische Grad wurden als Suggerierung von Wissenschaftlichkeit und Vertrauenswürdigkeit gedeutet, um den Tauschwert zu steigern.
Erst nach langem Suchen fanden die Schüler die vermutete Aufforderung zur vorsichtigen Entnahme der Flasche aus dem Karton im kleingedruckten Text auf der inneren Verpackungslasche, den man nach dem Öffnen nicht mehr wahrnahm, da die Lasche nach unten zeigte. Diese Fehlplanung im Textteil erklärte das „Fehlverhalten" des auspackenden Konsumenten.

Bildanalyse
Bei der Betrachtung der optischen Aufmachung des Kartons kritisierten die Schüler auch den Bildteil. Die zeichnerisch dargestellten Kinder überlieferten ihrer Ansicht nach überholte Rollenklischees: Jungen lernen, während Mädchen spielen. Die bildliche Trennung der beiden Kinder schilderte Isolierung statt Kommunikation.

Formanalyse
Nachdem alle Schüler die Flasche ausgiebig „begriffen" und befühlt hatten, bestätigte sich ihr erster Eindruck. Die Flasche war in ihrer Form unzweckmäßig. Nach der taktilen Erfahrung drängte sich den Schülern nun der optische Eindruck auf. Die bauchige Flasche endete in einem stark verengten Hals mit einem Verschluß, der von Medizinflaschen her bekannt war, die ihre Flüssigkeit nur in kleinen Mengen abgeben sollen. Die Syntax der Flaschenform erschien unproportioniert, zudem verbanden die Schüler mit ihrem Inhalt unangenehme Assoziationen mit Medizin. Inwieweit dem Verschluß medizinische Notwendigkeit zugrunde lag, konnte nicht so recht eingeschätzt werden. Da sich jedoch die Flüssigkeit viel bequemer in ein Trinkgläschen einfüllen ließ, vermuteten wir, daß die Form des Tropfverschlusses ganz bewußt den Medizinflaschen ähnlich gestaltet wurde, um mehr Heilkraft vorzutäuschen.

*Praxisphase: eine Möglichkeit,
alternative Konzeptionen zu erstellen*
Nach dieser allgemeinen Grundlage bildeten sich 2 Arbeitsgruppen mit unterschiedlichen Intentionen, wobei der Handlungskontext zu Erfahrungen mit Produkten und zur Entwicklung kritischer Verhaltensweisen führen sollte.

Gruppe 1:
Konzeption und Herstellung von Flaschenformen aus Ton, die unterschiedliche Anforderungen erfüllen sollten wie Handlichkeit, Rutschfestigkeit, Eliminierung des medizinischen Aspekts, Steigerung des Gebrauchswertes.

Gruppe 2:
Reduzierung des Textes und neue Bildkonzeption auf dem Verpackungskarton zur Steigerung des Tauschwertes und damit auch des scheinbaren Gebrauchswertes.[15]

Gruppe 1: Herstellung einer Flaschenform aus Ton
Während der Arbeit mit dem Ton fanden die Schüler schnell heraus, daß eine Flasche aus diesem Material nicht angenehm anzufassen war. Unabhängig von den hier als unangenehm empfundenen haptischen Qualitäten, die sonst bei einer freien künstlerischen Gestaltung aus Ton völlig anders erlebt werden, wirkte das Material auch optisch auf die Schüler abstoßend, weil unansehnlich und äußerst langweilig. Es löste keine Lustempfindung aus. Andererseits eignete sich der Ton für diesen Versuch vorzüglich, da ständig von den Gruppenmitgliedern die Handlichkeit der Flaschenform mit den Händen erprobt und verändert werden konnte. Um die haptischen Eigenarten der Tonflasche besser testen zu können, schlossen die Schüler zeitweilig die Augen. Allerdings bemerkten sie dabei, daß positive haptische Qualitäten der Form keineswegs mit einer befriedigenden optischen Erscheinung zusammengehen mußten. Zeitweiliges Gelächter über Versuchsformen, die nach Gurken oder anderen Gemüsesorten aussahen, führte die Gruppe zu der Einsicht, daß sie mit solchen Gefäßen wohl kaum Kaufanreiz bewirken konnten, obwohl der Gebrauchswert verbessert worden war.

Da in dieser Gruppe verschiedene Flaschenformen entworfen wurden, die unterschiedlichen Anklang fanden, hätte sich ein scharfes Konkurrenzverhalten innerhalb der Gruppe entwickeln können, ähnlich der Situation des Herstellers, der bei einem Überangebot seine Ware auf den Markt bringt. Jedoch sollte hier nicht ein Verhalten eingeübt werden, das dem emanzipatorischen Verhalten des Konsumenten geradezu entgegenwirkte, also affirmativ war.

Der Arbeitsgruppe wurde bei der Analyse dieser spezifischen Situation deutlich, welchen Stellenwert die Gestaltung eines Objektes bekommt, das einmal im Konkurrenzkampf die Konsumenten für sich gewinnt, weil es „schöner" als andere Waren gleicher Art aussieht, und daß dadurch auch der Inhalt als wertvoller eingeordnet wird. Die Schüler verbalisierten aufgrund eigenen reflektierten Verhaltens, wie stark das Bedürfnis des Menschen ist, sich mit Objekten zu umgeben, deren sinnliche Qualitäten angenehme Empfindungen vermitteln, und wie leicht sich dies werbepsychologisch ausnützen läßt.

Dieses Bedürfnis, die Libido vor allem nach angenehmen haptischen und visuell-haptischen Ansprachen zu befriedigen, wurde von den Schülern über die eigene Arbeit erfahren und durch ständigen Rollenwechsel problematisiert, wobei sie an sich selbst die unterschiedlichen Interessen von Hersteller und Konsument erfuhren. Die ästhetische Gestaltung wurde nun nicht mehr isoliert gesehen, sondern als Mittel, erwünschtes Verhalten im Kaufprozeß zu erzielen.

Über die Problematisierung prozeßorientierter ästhetischer Praxis lernt der Schüler, eigene Bedürfnisse bewußt zu erleben und in gesellschaftliche Zusammenhänge zu stellen. Er lernt dabei die eigene Rolle zu durchschauen und andere Rollen zu reflektieren.

Bei der Betrachtung der selbst hergestellten Flaschenformen assoziierten die Schüler jedoch immer bestimmte Produkte wie Haarwasser, Spülmittel, Alkohol und andere bekannte Flüssigkeiten. Eine davon nicht beeinflußte Form konnten die Schüler nicht erstellen. Ihnen wurde so bewußt, daß sich spezifische Formen bereits mit bestimmten Produkten sozusagen unauslöschlich in ihre Erinnerung eingeprägt hatten; sie fühlten sich plötzlich geradezu programmiert und gelähmt, etwas Originäres zu erfinden. Daran lernten sie, daß die Formen der Umwelt sich unbewußt im Menschen verselbständigen, und – bleibt dieser Vorgang unkontrolliert – sich als Klischee

wieder veräußerlichen, jedoch dann für eigene Erfindungen gehalten werden.¹⁶ Die Schüler nahmen diese Erkenntnis mit einigem Schrecken hin, da für sie ungeklärt blieb und vorläufig auch bleiben mußte, welche zusätzlichen Programmierungen in den unterschiedlichsten Bereichen ihres Verhaltens bestanden und es auf diese Weise unabhängig von ihrem Willen fremdsteuerten.

Als Hilfe sahen die Schüler ihre eigene Arbeit, die es ihnen ermöglichte, Wirklichkeit – wenn auch nur ausschnitthaft – zu analysieren. Der vorgenommene Einblick in die Werbung und die Untersuchung von Tausch- und Gebrauchswert einer Ware gab schon beispielhafte Ansätze, die Zusammenhänge der Psychotechnik in der Werbung zu vermitteln.

In der prozeßorientierten ästhetischen Praxis soll ermöglicht werden, verinnerlichte formale Klischees zu veräußerlichen und als Träger von Nachrichten wahrzunehmen, die Verhalten bewirken.

Ein weiterer sehr wesentlicher Faktor bei der Formfindung war die Überlegung, daß auch die Kinder, für die das Produkt ja bestimmt war, angesprochen werden sollten. So entstanden kindgemäße Flaschenformen. Eliminiert wurde bei allen Flaschen der Tropfverschluß, um jegliche Assoziation an Medizin zu verhindern.

Erstellung einer haptisch und optisch angenehmen Oberfläche

Nach der Fertigung einer Grundform, die aus den Formen der Hand und ihrer Griffunktion entwickelt worden war (handschmeichelnde Wölbungen und griffige, geriffelte Oberfläche) wurde den Flaschenmodellen eine ansehnliche, attraktive optische Erscheinung verliehen. Die Schüler bemalten die Oberfläche mit leuchtenden Farben und lackierten sie anschließend. Dabei bemerkten sie, daß die Flasche durch die Aufschönung der Äußerlichkeit gleichzeitig hinsichtlich ihres Inhaltes an Wert zu gewinnen schien, obwohl dies sachlich nicht der Fall war. Die Verflechtung von Tauschwert und Gebrauchswert konnte nicht anschaulicher vor Augen geführt werden. Das Phänomen der Übertragung wurde erkannt und bewußt als Kaufanreiz von den Schülern benutzt. Sie hatten zuvor ihren eigenen Flaschenformen mit dem unansehnlichen Äußeren sehr kritisch gegenübergestanden und dazu bemerkt, sie selbst würden jedenfalls auf keinen Fall ein derart unansehnliches Produkt kaufen, wäre der Inhalt noch so gut, denn es gäbe noch genug andere Produkte zur Auswahl, die den optischen und haptischen Bedürfnissen entsprächen. Die Schüler erkannten an ihrem eigenen Verhalten, daß in unserem Wirtschaftssystem auch wertvolle Produkte wegen der Konkurrenz auf ein attraktives Äußere angewiesen sind, das Auge und Hand anspricht, und daß dies mitbezahlt werden muß.

Transfer

Die Reflexion der Schüler über diesen Zusammenhang machte eine Übertragung auf jegliche

Gestaltung möglich, die ja niemals zufällig ist, sondern immer etwas verursachen soll. Durch eigene Arbeit begannen sie Gesichtspunkte zu entwickeln, nach denen sie die nonverbale Sprache der Objektgestaltung aufschlüsseln konnten.

Über die eigene ästhetische Praxis kann sich der Schüler Aspekte erarbeiten, von denen aus er ästhetische und ökonomische Wirkungszusammenhänge zu durchschauen lernt.

Gruppe 2: Entwicklung einer neuen Bildkonzeption auf dem Verpackungskarton
Ausgehend von der als negativ beurteilten Bebilderung begann diese Gruppe Bildvorschläge zu entwickeln, die folgende Aspekte berücksichtigen sollten: Ausstrahlung von Vitalität, Gesundheit und Fröhlichkeit, Kommunikation von Jungen und Mädchen in unterschiedlichen Situationen, wie Spiel, Sport und Lernen.
Da der Käufer durch die abgebildeten Personen direkt angesprochen werden sollte, entschieden sich die Schüler für zwei Möglichkeiten der Darstellung. Sie wollten entweder Illustriertenfotos benutzen oder auf Zeichnungen von Kleinkindern ab 6 Jahre zurückgreifen, die mit ihrer kindlichen Bildsprache und Unmittelbarkeit die Kinder und ihre Eltern als Zielgruppe ansprechen konnten.

Bei der Auswahl der Kinder auf den Fotos gerieten die Schüler erneut in Schwierigkeiten, da die Kinder auf den Fotos weder zu dick, noch zu dünn und auf keinen Fall mißgelaunt oder traurig aussehen durften, da die ausgelösten emotionalen Regungen ja direkt auf das Produkt übertragen werden. Identifikationsmöglichkeiten schienen sich am besten über die Kinderzeichnungen zu ergeben, da sie eine positive fröhliche Stimmung vermittelten. Der Text wurde zugunsten einer Vergrößerung des Bildteils reduziert und damit die nonverbale Ansprache erweitert.
Die Kombination von Bild und Markenname ergab für die Schülergruppe ein ansprechendes Gesamtäußeres, von dem sie annahmen, es könne auch den Konsumenten zum Kauf anregen.

Vergleich der primären Realität mit der Bildrealität
Als Ausgangspunkt für das noch zu erstellende Werbefoto für eine der neuen Flaschen diente eine genaue Betrachtung des Werbebildes, das die Flasche Bio-Vital von schräg unten nach oben fotografiert darstellte. Bei einem Vergleich mit der realen Flasche von Bio-Vital fiel auf, daß diese nur auf der Werbung transparent erschien und eine honigfarbene, appetitanregende Flüssigkeit durchschimmern ließ, deren sinnliche Wirkung nicht nur in ihrem warmen Goldton optisch angenehm war, sondern auch positive Geruchs- und Geschmacksempfindungen assoziierte.[17] Hingegen schimmerte die Flüssigkeit in der realen Flasche dunkelbraun durch das dunkel gefärbte Glas und wirkte keineswegs so appetitanregend wie auf der Werbung. Die leichte Untersicht monumentalisierte die Flasche, die dem Betrachter dadurch gleichzeitig in greifbare Nähe gerückt schien. Die durch das Foto übertrieben deutlich wiedergegebene Oberfläche reizte zum Anfassen, und ihre Form wirkte handlich und griffig. Die aufgesetzten Glanzlichter ließen sie in plastischer Körperlichkeit haptisch ansprechend und sogar kostbar erscheinen.[18] Während die reale Flasche mit der Hand schwer zu umspannen war, fiel dies auf der Werbung nicht auf, da jeglicher Größenbezug fehlte.
Die Verfälschung der Realität durch die Aufschönung ihrer haptischen und visuell-haptischen Qualität im Bild veranschaulichte den Schülern überzeugend die Verknüpfung von Produkt, Gestaltung und Kaufreiz. Von daher lernte die Gruppe auch, daß bei Fotos zusätzliche bildnerische Raffinessen bzw. technische Tricks verwendet werden, um die Realität zu manipulieren und den Verlust an haptischen Qualitäten im Medium durch Hinzufügen und Übertreiben zu überspielen und auszugleichen.[19]

5. Tastmaterial als motivierender Anstoß zur Eigenerfahrung und Fremdwahrnehmung

Klasse 9, 35 Schüler (17 Mädchen, 18 Jungen). 2 Einzelstunden pro Woche, Dauer der Unterrichtsreihe: ca. 10 Stunden.
Thema: Taströhren. Von der „Geisterbahn für die Hand" zur „Kommunikationsröhre". Innenauskleidung von Papprören mit Materialien verschiedener Textur.

Explorationsphase
Da alltägliche Materialien weitgehend nur mit ihrer Funktion identifiziert werden, geraten sie in ihren elementaren Eigenschaften kaum ins Bewußtsein.
So war die erste Aufgabe, den Schülern die haptische Qualität der Dinge näherzubringen, um sie dann über eine praktische Aufgabe der Reflexion zugänglich zu machen.
Die Schüler brachten eine Vielzahl von Gegenständen unterschiedlicher Textur mit: Stoffreste, Bürsten, Schwämme, Teppichbodenreste, Fellstücke, Schmirgel, Papiere, Gummihandschuhe, Plastikfolien, Fliegendraht u.a.m. Sie wurden auf Tafeln geklebt und montiert, zunächst frei und spielerisch, dann bewußter nach ihren haptischen Qualitäten geordnet, in „chromatische" Reihen und Kontrastpaare. In der letzten Phase wurden Ordnungen nach den subjektiven Gefühlserlebnissen von angenehm bis unangenehm entwickelt.
Die lustbetonte Aufnahme der Experimentierphase verwies auf das Defizit an Sinnlichkeit im alltäglichen Schulrahmen. Die Trostlosigkeit der Entsinnlichung entwickelt bei den Schülern ein Vakuum, das bei Gelegenheit, oft unbewußt, befriedigt wird. Ständig war während der Arbeit zu beobachten, wie die Schüler mit geschlossenen Augen Materialien betasteten und sich gegenseitig an Pullover oder Jacken berührten, um deren Texturen zu erkunden. Unmerklich wurden auch hier Berührungstabus durchbrochen.

Texturgestaltung als Weg zur Eigenerfahrung
40 cm lange Papprörchen ($\varnothing$ 12 cm) wurden der Länge nach halbiert, von innen mit Tastmaterialien beklebt und nach erfolgtem Arbeitsgang wieder zusammengeleimt. Die in der Erkundungsphase gewonnenen haptischen Erfahrungen wurden jetzt – unabhängig von der ehemaligen Funktion dieser Abfallmaterialien – bewußt gestalterisch eingesetzt.[20] Steigerung und Abschwächung, spannungsvolle Rhythmen und gleichmäßige Progressionen – diese Kombinationen konnten jetzt auf haptische Wirkung und dadurch ausgelöste Gefühlserfahrungen eingesetzt werden.
Während der Arbeit war zu sehen, daß die Gruppe sich experimentell verhielt, keineswegs sofort mit den Versuchen zufrieden war, sondern sie ständig im Hinblick auf die Erlebnisweise der anderen Schüler hin überprüfte.

Die geforderte schriftliche Reflexion zu den Erfahrungen während der Arbeit und den Tastexperimenten hatte das Ziel, den Schülern ihre Tasterlebnisse bewußt zu machen und differenzierter wahrnehmen zu lassen. Die Einbeziehung der Meinung anderer Schüler regte die einzelnen an, über ihre Arbeit nachzudenken. Die Überlegung, ob ihre beabsichtigte Mitteilung in bezug auf die haptische Wirkung überhaupt verstanden werden konnte, führte bereits während der Arbeit zu einem dauernden Feed-back zwischen den Schülern.

Hier ein kurzer Einblick in die Notizen von Stephan: ,,In den letzten Stunden haben wir Taströhren gemacht. An den Anfang habe ich einen flauschigen Stoff geklebt, damit der Tastende mit Wohlbehagen in die Röhre hineingreift. Direkt danach kommt eine Überraschung: Schaumstoff. Dieser fühlt sich sehr stumpf an, somit geht der Tastende vorsichtiger in die Röhre hinein. Das ist auch nötig, denn nun folgen kratzige, langborstige Bürsten und Schmirgelpapier. Am Schluß kommt der Höhepunkt: Ein mit Sägemehl gefüllter Gummihandschuh. Der Fühlende könnte denken, daß es ein Euter ist, weil es sich so weich und nachgiebig anfühlt. In der Taströhre ist man ganz allein auf seinen Tastsinn angewiesen. Man kann nichts sehen, riechen, schmecken oder hören. Deswegen ist es auch sehr schwer, die Dinge in der Röhre richtig wiederzuerkennen, obwohl jeder sie kennt. Wenn aber der erste ‚Schreck' vorbei ist, raten die meisten Leute doch, was es ist, da sie nun nicht mehr nur an das Tasten denken, sondern ihre Aufmerksamkeit auf das Wiedererkennen lenken."

Stephan setzte hier – wie auch die anderen Schüler – die primäre haptische Wahrnehmung über den Vorgang des Wiedererkennens alltäglicher Materialfunktionen. Da die Taströhren überdies hier nicht in die Kategorie inhaltlich betrachteter ,,Kunstobjekte" eingeordnet wurden, war auch die Unbefangenheit gegenüber der Wahrnehmung des Materials selbst weitaus größer, als wenn dieses mit einer dahinterliegenden Bedeutung in Zusammenhang gebracht werden mußte, die die Wahrnehmung des Materials selbst behindert hätte. Die Taströhren hingegen wurden direkt als Auslöser für die hedonistische Wahrnehmung von Objekten verstanden, bzw. der Genuß als Ziel identifiziert, wobei die differenzierte haptische Wahrnehmung zunächst noch als rein sinnliches Erlebnis empfunden wurde, ohne dies zu hinterfragen.

Mit dem Medium der Taströhre gelang es den Schülern, während des Tastvorgangs das begriffliche Denken zugunsten einer Herauskristallisierung von vorbegrifflichen Erfahrungen abzuschwächen und diese wieder zu aktualisieren. Die Rückführung der reaktualisierten Empfindungen in das Begriffliche und Bekannte im nachfolgenden Gespräch veranschaulichte den Schülern und den Tastpersonen ihr bisheriges Verhalten zu den Objekten, das sich als abgetrennt von der haptisch-visuellen Wahrnehmung und nur isoliert zum rein zweckhaften Gebrauch der Gegenstände dargestellt hatte. In dieser besonderen Situation waren die Schüler mit offenen Augen auf der Suche nach Alltagsmaterialien gewesen und hatten sie aus den unterschiedlichen Funktionsbereichen herausgeholt. Sie wußten deshalb sehr gut über den Gebrauch Bescheid und kannten den Charakter ihrer Wegwerfware und ihre gesellschaftliche Einschätzung. Die Beziehung, die sie jetzt zu dem Alltagsobjekt aufnahmen, war nicht von der gesellschaftlichen Einschätzung bedingt, auch nicht von einer verordneten ästhetischen Klassifikation. Die eigenen Erfahrungen und Reaktionen wurden zum Ausgangspunkt.

In den Unterrichtsgesprächen wurde der ,,unstillbare Materialhunger"[21] als ein primäres Bedürfnis nicht nur im schulischen Bildungsrahmen erkannt (ästhetische Deprivation).

Über die bewußte Kenntnisnahme von primären Bedürfnissen wie ,,Materialhunger" können die Schüler lernen, wie sie über Materialbewußtsein ihre Bedürfnisse steuern können, ohne sie durch gesellschaftliche Verwertungsmechanismen vermarkten lassen zu müssen.

Materialbewußtsein verhindert somit unkritischen Materialfetischismus, der verordnet und ausgenutzt wird. Dies ist eine der Voraussetzungen für Verhaltensstrategien, für eine Konzeption einer sinnlicheren und damit humaneren Umwelt.

Texturdarstellung alltäglicher Objekte als Einblicknahme in die Erstellung des „schönen Scheins"

Durch die vorhergegangene Sensibilisierung sahen die Schüler an den Objekten haptische Oberflächenqualitäten, die sie vorher optisch nicht weiter zur Kenntnis genommen hatten. So waren sie motiviert, auch die Texturen von Gegenständen zu zeichnen, die ihnen aus dem alltäglichen Umgang vertraut waren.

Die Anforderung, das Objekt so darzustellen, daß Material und Oberfläche greifbar erschienen, stellte die Schüler auf eine schwere Geduldsprobe. Das Umsetzen des Materials in bildnerische Zeichen erforderte ein andauerndes Ausprobieren der Ausdrucksmöglichkeiten mit dem Bleistift. Die mangelnde Übung (und damit die fehlende Fertigkeit) machte sich störend bemerkbar, zeigte aber deutlich genug dadurch den Schwierigkeitsgrad realistisch abbildender Zeichnung und Malerei.

Das Experimentieren in der zeichnenden Schülergruppe ergab sich von selbst. Da der Aspekt „Tasten" vorrangig blieb, war von der Zeichnung zur Kombination mit echten Materialien in einer Collage ein kleiner Schritt. Ein real aufgeklebtes Streichholz forderte zeichnerische Fertigkeit, wenn ein gezeichnetes Streichholz mit ihm „konkurrieren" sollte. Glänzende Oberflächen etwa von Uhu-Tuben führten zu weiteren bildnerischen Überlegungen, wenn die Zeichnung nicht nur die haptischen, sondern auch optische Eigenschaften darstellen sollte. Der Zusammenklang der haptisch-visuellen Qualitäten von realem und gezeichnetem Objekt ließ beim ersten Betrachten

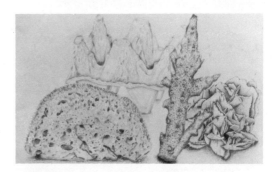

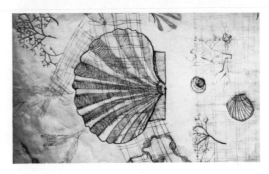

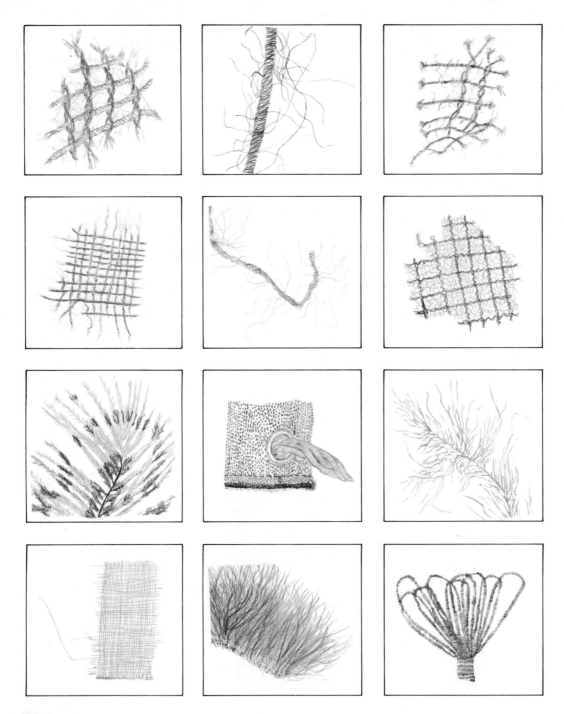

der „Ergebnisse" den prozeßhaften Ablauf der zeichnerischen Entwicklung vor der erbrachten Leisung des Endergebnisses zurücktreten. Während die anderen Schüler von der Ähnlichkeit der Zeichnung mit dem Objekt begeistert waren und den Prozeß nicht hinterfragten, versuchten die Zeichner selbst eher nüchtern zu erklären, wie sie die Ähnlichkeit bildnerisch bewirkt hatten. Hier war es nun bemerkenswert zu beobachten, daß die Hersteller der Zeichnung aufgrund des selbst erlebten bildnerischen Prozesses mehr Distanz zur Wirkung der Ähnlichkeit entwickelt hatten als die übrige Gruppe. Dies war nur so zu erklären, daß der stufenweise Entstehungsprozeß der Zeichnung eine größere Distanz im Bewußtsein geschaffen hatte, deshalb die Ähnlichkeit auch als ästhetischer Schein erkannt und eine Affirmation an den Schein erschwert wurde.

Über den eigenen ästhetischen Prozeß können die Schüler durch den bewußten Einsatz von Arbeitsmaterialien und bildnerischen Techniken ästhetischen Schein bewirken und hinterfragen.
Die neue ästhetische Ordnung wurde mit dem realen Vorbild verglichen und die gestaltete Darstellung dem Vorgang rein imitativer Projektion gegenübergestellt. Auch wenn das gelungene Ergebnis die Schüler zu einer Befriedigung führte, die sie sonst im Schulalltag nicht erleben können, wurde während der Arbeit doch immer der Prozeß selbst in allen Entwicklungsstufen reflektiert, um zu verhindern, daß sich die Schüler nur am Ergebnis orientierten, dem selbst erstellten Schein zum Opfer fielen und sich zu den ästhetischen Ordnungen affirmativ verhielten.

Besonders im Hinblick auf das ergebnisorientierte Denken und Verhalten innerhalb des schulischen Rahmens ist die Schwerpunktverlagerung auf den Prozeß eine notwendige Voraussetzung, um neue Sehweisen zu eröffnen. Grundbedingung, um fremdgesteuertes Verhalten und Wahrnehmen abzubauen, ist, Formen, die durch ästhetische Ordnungen entstehen, bewußt wahrzunehmen und die Wahrnehmung in Beziehung zur

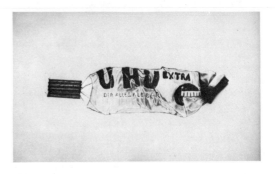

spezifischen Situation und zu ihren Bedingungsfaktoren zu setzen. Über die Reflexion von Formen und Strukturen konnten wir nun an Fotografien und raffinierten Mischtechniken der Werbung sehen (siehe Bio-Vital-Analyse), wie die erwünschte Haptifizierung erreicht wurde, welche Wirkungen dadurch ausgelöst wurden und welchen Absichten sie diente.[22]

Taströhren als Medium für Kommunikation
Nachdem auch in anderen Klassen die Reaktionen der Mitschüler getestet worden waren, und die Aufmerksamkeit beim Untersuchen des Inneren der Röhren unerwartet groß war, wollten die Schüler die Reaktionen auf ihre Arbeiten auch außerhalb der Schule testen. Sie gingen mit den Taströhren in den Stadtpark und regten die Spaziergänger zu Tastversuchen an.
Vor allem Kinder und Jugendliche griffen gern in die „Geisterbahn für die Hand" und nahmen entspannt an der Aktion teil, während die Erwachsenen der Aktion eher mißtrauisch gegenüberstanden und sich skeptisch nach deren Sinn und vor allem nach ihrer Effektivität erkundigten.
Ihr leistungsorientiertes Denken konnte keinen Nutzen in einem sinnlichen Erlebnis erkennen. Die Kinder beantworteten die immer wiederkehrende Frage der Erwachsenen mit einer Gegenfrage: „Gefällt Ihnen denn nicht, was Sie da fühlen?"
Die Kinder gewannen zusehends an Selbstsicherheit, als die erlebten, wie die Erwachsenen unsicher und skeptisch auf ihre Frage reagierten. Andererseits erfreute es die Kinder besonders, wenn an der Mimik der Erwachsenen sich eine positive Reaktion abzeichnete. Durch diese Beobachtung konnten die Schüler feststellen, wie auffallend die bewußte haptische Wahrnehmung bereits verkümmert ist, und daß dahinter ein ausgeprägtes Defizit an Genußfähigkeit stehen mußte. Den nicht etikettierten Genuß auszuprobieren ist weniger naheliegend, weil häufig unbewußt, als den gesellschaftlich anerkannten Genuß an-

zustreben, da er als Genußquelle vorherbestimmt und an bestimmte Symbole gekettet und damit verfüg- und verwertbar ist.

Wie aus den Notizen von Stephan zu entnehmen war (S. 78), begannen die Tastpersonen auch die Materialien, die sie berührt hatten, zu erraten. Während die Tastpersonen rieten, welchen Gegenständen oder Materialien die gewonnenen Tasteindrücke zuzuordnen waren, gingen sie von ihrem gespeicherten Vorstellungsreservoir aus und bildeten Assoziationsketten, um die Eindrücke wieder zu vergegenständlichen. Der Genuß blieb also nicht isoliert, sondern wurde auf das auslösende Material bzw. Objekt bezogen und damit in alltägliche Zusammenhänge zurückversetzt und eingebunden.[23]

Die Verbalisierung geschah spontaner als in der Schule, da dort ja der Vorgang von allen Schülern mitverfolgt und größtenteils auch in den Sehvorgang mit einbezogen worden war. Je nachdem, wie angenehm ein Material empfunden wurde, reagierte die Tastperson mit Verweilen oder mit Abkürzung des Tastvorgangs. Von dieser Beobachtung ausgehend, war ein Transfer auf den Alltag leicht im Hinblick auf dessen Materialien, die uns befriedigen oder uns verarmen lassen. Die Schüler sahen ein, wie stark durch unsere optozentrische Einstellung die haptische Beschaffenheit der Umwelt vernachlässigt wird, es sei denn, es ist ein gesellschaftlich verordnetes Bedürfnis oder Anliegen vorhanden, Materialien zur Repräsentation (oder anders: zur Imagepflege) heranzuziehen, und das geschieht zumeist an einzelnen Bauvorhaben. Hand in Hand geht mit dem Defizit der haptischen Wahrnehmung das Defizit an Realisierung primärer Bedürfnisse.

Tast-Aktion im Museum als haptischer Kontrapunkt zur optisch fixierten Kunst

Die Erfahrungen der Schüler hatten sich bisher im außerkünstlerischen Rahmen ergeben. Da die Erwartungshaltung der Tastpersonen sich nicht auf die Röhre als ästhetisches Objekt bezogen

hatte, bot sich als aufschlußreicher Vergleich eine Aktion in einer Kunstausstellung an, da dort die Besucher auf Kunst vorprogrammiert sind. Die Ausstellung zeigte Künstler aus Düsseldorf und Umgebung. Die Ausstellungseröffnung war wegen des zu erwartenden großen Andrangs als Aktionstag besonders günstig. Einige Schüler wollten mit dem Lehrer gemeinsam an einem Sonntagvormittag die Aktion durchführen und entwickelten aus den Unterrichtserfahrungen eine Konzeption zum Thema „Taströhren" und „Dürerhase".

Die Tabuisierung gegenüber ästhetischen Objekten, die gewöhnlich nur optisch wahrgenommen werden dürfen, sollte in den auratischen Ausstellungsräumen thematisiert und problematisiert werden. Wir wollten einen Gegenpol bilden und die Besucher dazu motivieren, aus der passiven Betrachterhaltung zeitweilig herauszukommen, um die eigene haptische Wahrnehmung aktiv zu erleben.

Aus Gipsbinden wurde eine Gesichtsmaske angefertigt und mit einem Selbstporträt Dürers bemalt. Die Initialen AD waren als Hinweis auf der Stirnfläche der Maske zu lesen. In einer flachen Sperrholzkiste befand sich auf einer Lage Stroh ein Spielhase für Kinder, der allerdings ein echtes Hasenfell besaß. Vor dem Hasen lagen einige frische Möhren.

Ziel der Aktion war, Assoziationen zu dem berühmten Dürer-Hasen zu bewirken, der fast jedem von Reproduktionen bekannt ist, ihn als faßbares Objekt zu präsentieren, um auf diese Weise auf Defizite im musealen Bereich hinzuweisen, der die Befriedigung haptischer Bedürfnisse nicht zuläßt und dadurch mithilft, die Schranke zur Kunst zu verfestigen.

Das Programm der Aktion stand auf einem Zettel, der an die Kiste geklebt war: *„Tasten Fühlen Lieben Kommunizieren Erkennen Handeln."* Damit der Lehrer nicht – das übliche Lehrer-Schülerverhältnis spiegelnd – nur wie gewöhnlich passiv beobachtend und bewertend die Schülertätigkeiten verfolgte, nahm er an der Aktion teil und übernahm die Rolle des „Albrecht Dürer".

Hier ein kurzer Bericht: Es dauerte nicht lang, bis sich einige Kinder in meine Nähe wagten und neugierig stehenblieben. Die nonverbale Kommunikation unterstützte ich mit einer Geste, indem ich den Kindern die Hasenkiste hinhielt. Nach einiger Überwindung begannen sie den Hasen zu streicheln oder ihm spaßeshalber eine Möhre anzubieten. Dann entwickelte sich ein Gespräch zwischen den Kindern, anderen Besuchern und mir über den Sinn meiner Aktion. Während einige Erwachsene sie sofort unter „Aktionskunst" einordneten und dabei passiv blieben, reagierten die Kinder spontan kommunikativ und freundlich. Sie stellten einen unmittelbaren Bezug zum Tastobjekt her, von dem sie zuerst angenommen hatten, es sei ein echter Hase. Eine Mutter mit zwei Kindern traf den Kern der Problematik, wenn sie sagte: „Endlich dürfen die Kinder etwas anfassen, ich kann sie kaum noch halten." Die Reaktionen der Jugendlichen waren nicht mehr ganz spontan, doch immer kommunikativ. Hingegen zeigten sich vor allem die kinderlosen Erwachsenen gehemmt und hielten es für peinlich, sich so „kindlich" zu verhalten. Wenn sie sich zur Berührung überwinden konnten, wurde an der Mimik deutlich, daß sie innerhalb der auratischen Kunsträume Konzessionen an etwas machten, was für eine künstlerische Aktion gehalten werden konnte.

Gegen Ende der Aktion kam noch ein kleiner Junge, setzte sich die Dürer-Maske auf, nahm den Hasen und spielte für einen kurzen Augenblick die Situation nach, die er soeben erlebt hatte. Das ihm gemäße Heraustreten aus der passiven Betrachterhaltung war lustvoll und nicht mit Angst verknüpft vor dem, was nun passieren könnte. Er strahlte und schien über sich selbst sehr froh zu sein.

An dieser Aktion wurde deutlich, wie wenig die Museen die Menschen in ihrer Sinnlichkeit ansprechen oder auch nur im Ansatz Strategien entwickeln, wie über den Körperkontakt die Kommunikation mit ästhetischen Objekten aufgenommen werden könnte (Tasterlaubnis gab das Lehmbruck-Museum in Duisburg für Skulpturen – eine Ausnahme!). Es zeigte sich aber auch wieder einmal mehr das primäre Bedürfnis, die Umwelt „begreifend" zu sehen, das vor allem bei Kindern noch nicht in dem Umfang amputiert ist wie bei Erwachsenen.

Der Bericht der Schüler über ihre einstündige Aktion mit den Taströhren deckte sich mit ihren vorherigen Erfahrungen im außerkünstlerischen Raum. Unsere Erwartung an mehr Aufgeschlossenheit des Museumsbesuchers hatte sich nicht erfüllt. Gegenüber dem außerkünstlerischen

Raum war die Ablehnung im Museum sogar erheblich größer gewesen, da anscheinend wegen der Überfülle der Bilder der Gesichtssinn so überbeansprucht war, daß die Schüler den Eindruck gewannen, daß dieser ausschließlich dominierte. Der Griff in die Röhre schien völlig isoliert vom Bewußtsein des Museumsbesuchers zu sein, und das Ertastete wurde als fremd und ohne Bezug zur eigenen Person erlebt.

Die sich daraus ergebende Gleichgültigkeit gegenüber den Schülern und ihren Versuchen, auch durch Gespräche zu kommunizieren, enttäuschte diese. Doch wurde dieses „Ergebnis" im Gespräch nach der Aktion thematisiert und durch die reflektierende Haltung der Schüler neutralisiert, denn sie hatten sich in der Zwischenzeit überlegt, ob sie sich nicht in derselben Situation ähnlich wie die Besucher verhalten hätten. Da sie dies nicht ausschließen konnten, wich die Enttäuschung einem größeren Verständnis gegenüber Verhaltensnormen. Dieser Versuch half, über die Identifikation mit anderen Personen eine Situation von unterschiedlichen Aspekten her zu ergründen, eine soziale Identität zu entwickeln, und Normen und Verhaltensmuster nicht als individuelles, sondern gesellschaftlich bestimmtes Verhalten zu verstehen und zu verallgemeinern. Auch ihr eigenes Verhalten, sich in eine Situation begeben zu haben, die Risikofaktoren enthält und nicht durch Muster abgesichert ist, wurde den Schülern so bewußt und der Reflexion zugänglich. Das Einschätzen der eigenen Reaktionen ließ ihnen das Verhalten der anderen Personen verständlich werden. Dabei war für die Schüler die Einsicht wichtig, daß Verhalten nicht sofort, sondern nur durch langanhaltende Lernprozesse veränderbar sein kann.

Die Bereitschaft der Schüler, zu einem anderen Zeitpunkt wieder eine Aktion durchzuführen, war nicht gemindert worden, allerdings, und das ist ein wichtiger Schritt im Hinblick auf die Reflexion von Verhaltensmustern, würden die Schüler eine solche Aktion dann vielseitiger konzipieren und mög-

liche Reaktionen noch mehr in ihre Vorüberlegungen miteinbeziehen.
Mit dieser Aktion begannen die Schüler strategisch zu denken, d.h. sie begannen ihre Situation und mögliche Ziele bzw. Antizipationen selbständig zu didaktisieren.

6. Bildgestaltung im haptischen Bereich

Klasse 11, Leistungskurs. 34 Schüler (15 Mädchen, 19 Jungen).
Dauer der Unterrichtsreihe: 4 Wochen (6 Wochenstunden und Arbeit außerhalb der Schule).
Thema: Tastbilder für Blinde. Die Klasse führte die Voruntersuchungen gemeinsam durch. Danach bildeten sich zwei Projektgruppen, die jeweils ein Thema bearbeiteten.
Unterrichtsziele: Das Ziel war eine Sensibilisierung des Tastsinns und eine neue Beachtung und Reflexion von haptischen Umweltphänomenen. Wir wählten dazu zwei Projekte, die sich mit der Herstellung von Tastobjekten für Blinde befaßten. Da der haptische Sinn bei Nichtsehenden in hohem Maße sensibilisiert ist, konnten wir hier von den Blinden lernen. Wir fanden Unterstützung bei der Rheinischen Landesschule für Blinde in Düren. Der Unterricht beschränkte sich so nicht nur auf den ästhetischen Bereich im innerschulischen Raum, sondern wurde mit sozialen Aspekten verknüpft. Im Zusammenhang mit dem Thema konnten die Probleme der Minderheitengruppe der Blinden, die in unserer Gesellschaft zwar unterstützt wird, nichtsdestoweniger aber stark isoliert bleibt (Zusammenfassung der Kinder in Sonderschulen mit Internaten), den Schülern bewußt werden. Der gleichzeitige soziale Bezug, die Zusammenarbeit mit blinden Kindern und der Reiz eines Pilotprojektes stärkte die Motivation der Schüler.

Explorationsphase: Vorversuche zu den Projekten (5 Doppelstunden)

Zu ,,Basiserfahrungen im haptischen Bereich" bildete der Leistungskurs sechs Arbeitsgruppen mit verschiedenen Aufgaben, die den eigentlichen Projekten vorgeschaltet wurden. Die im folgenden dargelegten Erfahrungen wurden anschließend diskutiert, schriftlich fixiert und gemeinsam ausgewertet. Selbstverständlich konnten die Schüler nur exemplarische Untersuchungen anstellen, die sie jedoch nachträglich mit den wissenschaftlichen Ergebnissen, die sie in der Fachliteratur fanden, verglichen und dort bestätigt fanden, so daß ihr Selbstwertgefühl sehr gestärkt wurde.

Die Versuche wurden mit Sehenden (bei geschlossenen Augen), Späterblindeten und Geburtsblinden durchgeführt. Bei der Arbeit erlebten die Schüler die blinden Kinder einmal nicht, wie üblich, als Behinderte, sondern als ihnen in mancher Hinsicht Überlegene, die bei den Tests bes-

ser abschnitten als die Sehenden. Die menschliche Begegnung war sehr intensiv. Die blinden Kinder, die in hohem Maße auf Körperkontakte angewiesen waren, durchbrachen wie selbstverständlich alle Schutzzonen der Berührungstabus[24] und betasteten die Schüler an Händen, Körper und Gesicht. Dieses ungewohnte Erlebnis schuf einen direkten Kontakt, starke emotionale Bindung und zwang zum Nachdenken über herrschende Sitten haptischer Kommunikation, ihre Ursachen und Folgen.

Das Thema erzwang eine Konzentration auf die Problematik haptischer Wahrnehmung bildnerischer Objekte gegenständlicher oder ungegenständlicher Gestaltung, da bei Geburtsblinden nicht nur jede visuelle Wahrnehmungsmöglichkeit, sondern auch jede vorstellungsmäßige Visualisierung haptisch erfahrener Formen ausgeschaltet war. Um die begrenzten bildnerischen Möglichkeiten im haptischen Bereich zu erkunden, mußten wir zunächst die geeigneten Materialien, ihre taktilen Eigenschaften und die durch sie ausgelösten Empfindungen untersuchen. Darüber hinaus mußten Gemeinsamkeiten und Unterschiede haptischer Wahrnehmung von Sehenden und Geburtsblinden herausgefunden werden. Schließlich interessierte uns die – häufig bezweifelte – Möglichkeit ästhetischer Erlebnisse im haptisch-bildnerischen Bereich.

1. a) Erkundung der Materialmöglichkeiten
Die Gruppe suchte Materialien, deren taktile Oberflächenqualitäten charakteristisch und einprägsam waren und sich für eine bildnerische Gestaltung eigneten.

Ergebnis: Es wurden folgende Materialien zusammengestellt und zu Reihen geordnet: Aluminiumfolie, Eisenblech, Plastik, Papier, Wachs, Gips, Holz, Leder, Pappe, Stoff (Plüsch, Samt, Seide, Cord, Wolltuch, Spitze, Leinen, Frottee, Sackleinen), Gummi, Filz, Fell, Styropor.

1. b) Gegenüberstellung von Kontrastpaaren
Die Materialien wurden nach den Eigenschaften der Glätte, des Widerstandes und der Temperatur zu drei Hauptkontrastpaaren geordnet.

Ergebnis: hart – weich (z.B. Metall – Fell),
rauh – glatt (z.B. grobes Sandpapier – Plastik),
kalt – warm (z.B. Blech – Styropor).

Andere Kontrastpaare waren:
spitz – stumpf,
klebrig – schlüpfrig,
elastisch – spröde,
feucht – trocken,
borstig – flaumig,
nachgiebig – unnachgiebig.

2. Tastempfindungen und Gefühle
bei verschiedenen Materialien
Die Gruppe baute eine Versuchstafel, auf der Materialien verschiedener Oberflächenqualitäten in vertiefte Rechtecke gleicher Größe eingelassen wurden. Die Testpersonen schilderten ihre Empfindungen und Gefühle, die in Testbogen eingetragen wurden.

Ergebnis: Harte, rauhe und kalte Materialien wurden als unangenehm, weiche, glatte und warme als angenehm empfunden.
Das beliebteste Material war langhaariges Fell.[25]

3. Intensität der Tastempfindungen
(Reizschwellen und Unterschiedsschwellen)
Die Gruppe baute zwei Versuchstafeln und führte die dazugehörigen Versuche durch:

a) Acht verschiedene Sandpapiersorten wurden auf rechteckige Pappstreifen aufgeklebt. Sie mußten in der richtigen Reihenfolge in dafür vorgesehene Vertiefungen einer Holztafel eingelegt werden.

b) Sechs gering voneinander differenzierte Stoffarten wurden auf Rechtecke aus Pappe aufgeklebt und mußten den in eine Pappe eingelassenen Pendants zugeordnet werden.

Die Versuche wurden von Sehenden mit verbundenen Augen und von acht- bis zwölfjährigen geburtsblinden Kindern durchgeführt.

Ergebnis: Es wurden feinere Unterschiede als erwartet wahrgenommen.[26] Den Blinden gelangen die Aufgaben fehlerlos, auch bei Sehenden erfolgten nur wenige Fehler. Bei Personen gleichen Alters waren die Tastleistungen verschieden. Berufe, die mit haptischen Qualitäten zu tun hatten, waren eindeutig überlegen. Bei mehrfacher Wiederholung zeigten sich schon nach kurzer Zeit Ermüdungserscheinungen.

4. Wahrnehmung gegenständlicher Formen durch den Tastsinn

Die Gruppe fertigte mehrere Versuchsobjekte an:

a) Auf eine Holzplatte wurden aus 3 mm starkem Sperrholz ausgesägte geometrische Grundformen aufgeleimt.

b) Auf eine Holzplatte wurden erhabene Buchstaben verschiedener Schriftarten und -größen aufgeklebt. (Die Buchstaben verweisen auf Versuche mit Sehenden.)

c) Verschiedene, stark vereinfachte gegenständliche Formen wurden aus 1mm starker Pappe ausgeschnitten und auf Papptafeln geklebt. Die wahrgenommenen Formen sollten identifiziert und aufgezeichnet werden.

Bei diesen wichtigen Versuchen galt es herauszufinden,
– wie der Tastvorgang selbst, räumlich wie zeitlich, abläuft,
– wie sich der Entschlüsselungsvorgang vollzieht,
– ob und inwieweit ein Erkennen abstrakter oder gegenständlicher Formen verschiedenen Schwierigkeitsgrades möglich ist,
– ob hierbei ein Unterschied zwischen Sehenden mit verbundenen Augen und Blinden besteht,
– wo die Schwellen der Identifizierung liegen,
– und ob ein Unterschied besteht zwischen dem getasteten Objekt und dem Vorstellungsbild.

Es wurden Versuche mit Erwachsenen (verbundene Augen) und blinden Kindern zwischen 7 und 9 Jahren durchgeführt.

Ergebnis: Der Tastvorgang geht sukzessiv vor sich.[27]

Die Entschlüsselung vollzieht sich plötzlich nach dem Erkennen bestimmter prägnanter Merkmale. Die geometrischen Formen wurden in den meisten Fällen richtig erkannt, wobei sie von Kindern oft gegenständlich gedeutet wurden (Kreis als Ball). Blinden Schulkindern sind Reliefdarstellungen geometrischer Formen aus dem Mathematikunterricht bekannt.

Sehr stark vereinfachte, aus dem Alltag gut bekannte, einfach gegliederte Naturformen konnten erkannt werden, wenn sie genügend prägnante charakteristische Merkmal aufwiesen.

Die Ergebnisse waren bei Blinden und Sehenden mit geschlossenen Augen etwa gleich.

Bei den Nachzeichnungen aus der ertasteten Vorstellung traten Verzerrungen in den Proportionen und Richtungen auf, die offenbar vom Vorstellungsbild herrührten und nicht auf technische oder gestalterische Schwierigkeiten zurückzuführen waren. Eine Vorstellung ist somit blasser und ungenauer, als die durch die Tast-Empfindung übermittelte Form. Die Tastempfindung nimmt die zum Stereotyp vereinfachte und vereinheitlichte Form auf, signalisiert dem Nicht-Blinden das optisch-haptisch reduzierte Stereotyp und weckt Erinnerungen an vorher aufgenommene Bilder und Wirklichkeitserfahrungen mit dem dargestellten Objekt. Die Rückkoppelung dieser vorher gespeicherten Erfahrungswerte reichte allerdings nicht aus, die vom Vorstellungsbild richtigen Proportionen umzusetzen in ein lineares Gefüge. Die Verzerrung der Proportionen und Richtungen konnte vom Tastvorgang nicht in Linien übertragen werden. Die taktil erfaßten Proportionswerte wurden unterschiedlich erfahren.

Eine geringe Anzahl taktil erfaßter Werte bestimmter Formteile ließ die Strecke größer erscheinen, und gehäufte Eindrücke verkürzten diese. Dieser Vorgang läßt sich als haptische Täuschung bezeichnen.

5. Ästhetische Qualitäten von Tastempfindungen

Die Gruppe baute Versuchstafeln mit

a) verschiedenen einfachen erhabenen Linien und Formen,

b) mit Materialien verschiedener Oberflächenqualität.

Ergebnis: Die Schüler waren mit der Ermittlung ästhetischer Kriterien im haptischen Bereich überfordert. Die Versuche beschränkten sich im wesentlichen darauf, die erzeugten polaren Gefühlszustände der Lust und Unlust zu ermitteln. Die Tastempfindungen und durch sie ausgelöste Gefühle waren bei den Testpersonen nicht immer gleich. ,,Schön" und ,,angenehm" bzw. ,,häßlich" und ,,unangenehm" wurden gleichgesetzt.
Als angenehme Linienspuren und Formen wurden ermittelt:
– Rhythmische Wellenlinien (zu gleichmäßige waren langweilig, zu steile unangenehm),
– rhythmisch gezackte Linien, die eine regelmäßige Ordnung erkennen ließen,
– Kreise, Ellipsen und andere gerundete Formen (scharfkantige waren unangenehm),
– geometrische Grundformen und andere einfache symmetrische Formen,
– einfach gegliederte Formen,
– kleine Formen.

Leichte Erkennbarkeit der Form vermittelte Befriedigung. Dieser angenehme Gefühlszustand war wichtiger als eine – visuelle – Schönheit der Form.

Da es sich hier um rein ,,fühlendes Tasten" handelte, ohne den Zwang Formen erkennen zu müssen, benutzten die Versuchspersonen andere Kriterien (vgl. die Ergebnisse des 2. Versuchs). Zu regelmäßige Strukturen wurden jedoch negativ, als langweilig empfunden, abwechslungsreiche dagegen als ,,interessant".

6. Raumvorstellung bei haptischer Wahrnehmung

Die Gruppe fertigte mehrere Objekte an um festzustellen, inwieweit bei einer rein haptischen Wahrnehmung flächenhafter oder reliefierter Darstellungen einfacher Formen ein dem Objekt entsprechendes dreidimensionales Vorstellungsbild erzeugt wird:

a) halbierte erhabene Formen oder verschieden abgeflachte Reliefs sollten in der Vorstellung zur vollplastischen Form ergänzt werden,
b) reliefartig dargestellte Überschneidungen sollten räumlich vorgestellt werden,
c) perspektivische Darstellungen sollten als Wiedergabe tiefenräumlicher Zusammenhänge erkannt werden.

Ergebnis: zu a) Blinde wie rein haptisch wahrnehmende Sehende sind durchaus in der Lage, sich Reliefformen als vollplastische Körper vorzustellen. Dies gilt allerdings nur für sehr einfache und klare Gebilde.
zu b) Überschnittene Formen werden nur selten erkannt, da der Gestaltzusammenhang bei der überschnittenen Form verlorengeht. Es ist besser, die Formen klar voneinander zu unterscheiden und nebeneinander darzustellen.
zu c) Abtastbare Reliefdarstellungen von perspektivischen Wiedergaben können von Geburtsblinden nicht erkannt werden. Diese Technik bleibt als Ansichtsprojektion wesensmäßig an visuelle Wahrnehmung gebunden. Dies gilt in gleichem Maße auch für die Darstellung körperhafter Rundung (Modellierung) und die Wiedergabe von Licht und Schatten.

Die im Unterricht an Blindenschulen seit Jahrzehnten gebräuchlichen tastbaren Reliefs von

Landkarten zeigen, daß es möglich ist, auch differenzierte Bilder mit erhabenen Linien und Oberflächenstrukturen wiederzugeben und durch Tasten zu erkennen. Die verschiedenen Höhenstufen werden durch verschiedene Körnungsgrade von Sandpapier, Flüsse durch Draht oder Kordel, Städte durch Nagelköpfe dargestellt. Von den so hergestellten Matrizen auf Holz- oder Hartfaserplatten können beliebig viele Abzüge mit Kunststoff-Folien im Tiefziehverfahren hergestellt werden.

Die dargestellten Formen sind Stereotypen. Dieser Vorgang der Typisierung muß während des Entstehungsprozesses problematisiert werden. Die für Nicht-Sehende notwendige Vereinfachung bzw. Typisierung, die zum Stereotyp hinzielt, bleibt lediglich Medium – Zeichen – für etwas sich in der Wirklichkeit Befindendes, das sowohl andere Größenordnungen als auch andere Oberflächenstrukturen haben kann. Die semantische Bezugsebene ist die Übereinkunft, daß das Zeichen für etwas steht. Es wird somit die Ebene eines Bild- oder Zeichenalphabets hergestellt, wobei z.B. Monumentalität, Perspektive oder Plastizität zugunsten der Prägnanz des Zeichens wegfallen müssen.

Das Zeichen Haus – auf der Abbildung in der Syntax der Verdoppelung „Häuser" – kann für zwei bestimmte Häuser stehen oder allgemein Häuser im Plural meinen. Die formale Beschaffenheit – hier das Duplikat – muß jedoch die Schüler, die diese Formen ausschneiden, über seine Zeichenfunktion hinaus mit ihrer eigenen Realität erneut konfrontieren und sie zur Reflexion z.B. hinsichtlich der Einfamilienhaus-Ideologie oder Reihenhaus-Monotonie anregen; sonst würde ein solcher unreflektierter Vorgang Klischeebildung noch mehr verfestigen helfen.

Die zentrale Bedeutung der Form in der uns umgebenden Wirklichkeit als auch die notwendige Entwicklung eines Stereotyps an dieser Stelle muß den Schülern als Problem verdeutlicht werden.

Der Blinde hingegen, der die bewußte visuelle Überprüfung nicht leisten kann, überträgt leicht die gebildeten Stereotypen auf die Realität.

Dieses Beispiel zeigt auf, wie zwar von Textur und Struktur her abwechslungsreicher gearbeitet worden ist (im Gegensatz zur Umrißlinie des glattflächigen Reliefs), jedoch hier mehr schmückendes Beiwerk ist, und dadurch von der Wirklichkeitserfahrung weggeführt wird. Das Prinzip der Dachziegelschichtung verweist schon eher auf die Realität, da eine Überprüfung für Blinde zusätzlich ermöglicht werden könnte.

Beispiele aus den Versuchsreihen zum „erkennenden Tasten"

Für unsere Testreihe wurden Kärtchen mit 1 mm erhabenen Tierdarstellungen angefertigt. Insgesamt wurden 209 Personen – vorwiegend Sehende mit verbundenen Augen – getestet, wobei 163 Versuche ein positives Ergebnis brachten. Um den Tastvorgang zu untersuchen, wurden die

Versuchspersonen aufgefordert, ihre Eindrücke während des Abtastens zu beschreiben. Eine Zeichnung aus dem Gedächtnis – ohne Kenntnis des Versuchsobjektes – unmittelbar nach dem Tasten sollte Aufschlüsse über das ertastete Vorstellungsbild geben.

Tastobjekt: Relief einer Giraffe.
Testperson: 12 Jahre, sehende Schülerin mit verbundenen Augen.
Benötigte Zeit: 5 Minuten.
Protokoll: „spitz – ein Loch – lang – das ist gebogen – da ist eine Fläche – ein Hund? – drei Beine? – nein, vier – Schnauze – zwei Ohren – hier ein Schwanz – entweder ein Hund oder ein Wolf – also, ein Tier ist es – hat ein Auge – hier ein Hals – da ein Körper – langer Hals – eine Giraffe".

Kommentar zu den verbalen Äußerungen:
Die Versuchsperson beginnt – wie beim Schreiben und Lesen – oben links. Die getasteten Formen werden zu Beginn noch nicht gedeutet, sondern nur registriert. Die zunächst festgesetzte Vorstellung Hund bleibt eine Weile bestehen, bis das prägnante Merkmal „langer Hals" die Identifikation plötzlich auslöst.

Kommentar zur Nachzeichnung:
Diese Versuchsperson zeichnete das Tier spiegelverkehrt. Ein Ergebnis, das überraschte und weitere Versuche bewirkte. So fiel auf, daß Linkshänder eher dazu neigen, Figuren mit dem Rechtsprofil wiederzugeben, wenn auf der Vorlage ein Linksprofil zu sehen ist. Die wesentlichen Merkmale werden wiedergegeben, jedoch werden die Proportionen der Längen wie der Flächen verzerrt. Gerade Strecken – auf denen keine formalen Ereignisse stattfinden – werden verkürzt. Einzelheiten, wie die Schwingungen der Beine, Hufe oder das offene Maul werden nicht bemerkt und somit nicht dargestellt. Der konkave Knick zwischen Brust und Bein wird zwar bemerkt, jedoch als Konvexe wiedergegeben.

Tastobjekt: Relief eines Vogels.
Testperson: 20 Jahre, Sehender mit verbundenen Augen.
Benötigte Zeit: 1 Minute 15 Sekunden.
Protokoll: Mein Gott (10 Sek.) – also hier hinten fühlt es sich an wie eine Schwanzflosse (25 Sek.) – geht auseinander – Moment, jetzt geh' ich erst unten weiter – neu (45 Sek.) – da kommen zwei Füße (1 Min.) – sieht aus (!) wie Delphinkopf – ist

ein Fisch oder Delphin. Die Testperson war anfangs sehr konzentriert, wurde jedoch bald ungeduldig.

Kommentar:
Die Herstellung des Stereotyps für Vogel ist bei diesem Beispiel nicht eindeutig genug. Die Gabelung am Schwanz irritiert und lenkt ab. Der Schwanz sieht eher einer Schnauze ähnlich und läßt deshalb das Objekt doppelköpfig erscheinen. Weiterhin ist eine Veränderung der Lage in die Waagrechte zu beobachten, und statt zwei Füßen mit Krallen vier stumpfartige Beine. Die Binnenzeichnung des Flügels fehlt. Auch hier ist wieder eine Seitenverkehrung zu beobachten.

1. Projekt: Bilderbuch für Vorschulkinder. Probleme des „erkennenden Tastens"

Thema: Bilderbuch mit tastbaren erhabenen Reliefformen gegenständlicher Bilder (Projektarbeit).
Die Schüler entschieden sich, ein Buch mit Tierbildern herzustellen, wobei zur leichteren Deutung und zur Belebung jeweils ein lustiger Zweizeiler in Blindenschrift und in Schwarzschrift (zum Vorlesen) hinzugefügt wurde. Jeder Schüler übernahm die Gestaltung einer Seite.
Dauer: 7 Doppelstunden.

Vorbemerkung
Im Verlauf der Voruntersuchung fanden die Schüler heraus, daß tastbare bildliche Darstellung auf zweierlei Weise möglich ist: 1. durch reine Umriß- oder Reliefdarstellungen, 2. durch kontrastierende Oberflächenstrukturen. Grundsätzlich haben Blinde die Möglichkeit beide Darstellungsformen zu erfassen. Daß es zu Beginn unserer Arbeit in der Bundesrepublik nur einen einzigen Versuch ähnlicher Art gab,[28] hat eine zweifache Ursache. Zunächst ist der Rezeptionsvorgang gegenständlicher reliefierter Bilder durch den Tastsinn selbst problematisch – Grund für die Ablehnung durch die Blindenpädagogen.[29] Der sukzessive Tastvorgang macht es schwierig, die einzelnen Eindrücke zu einer Gesamtgestalt zusammenzuschließen[30] und die „flächige" Darstellung ist für den Blinden schwer in Räumlichkeit zu übertragen, so daß im Blindenunterricht dreidimensionale Modelle benutzt werden. Zum zweiten zeigt die Vernachlässigung dieser Problematik die soziale Stellung der Sehbehinderten und weist so auf das politische Problem der Minderheiten, Aspekte, die in der Reflexionsphase von den Schüler diskutiert wurden.

Herstellungstechnik
Auf eine Hartfaserplatte im Querformat von 27 × 34 cm wurden aus Karton ausgeschnittene Formen (mindestens 1 mm stark), Sandpapier, Kordel usw. aufgeklebt. Diese Matrize diente zur Vervielfältigung im Tiefziehverfahren mit Kunststoff-Folie.

Ästhetische Faktoren
Aufgrund der Ergebnisse der Untersuchungsreihe stellten wir folgende Aspekte für die Herstellung von gegenständlichen Tastbildern zusammen:
– Vereinfachung der Form auf gut tastbare Umrisse,
– Vermeidung von Detailformen und von geringen Punktabständen (immer größer als 2 mm, z.B. bei den Augen),
– flächige Darstellung ohne Überschneidungen (ähnlich wie beim Scherenschnitt),

– deutliche Wiedergabe des Gestaltungsaufbaus durch klare Unterscheidung der einzelnen Strukturelemente (z.B. Beine im rechten Winkel vom Körper abstehend),
– Betonung prägnanter Merkmale (z.B. Elefantenrüssel, Katzenschwanz, Giraffenhals),
– deutliche Kontrastwirkung zwischen der dargestellten Form und dem umgebenden Bildgrund durch verschiedene Oberflächenstrukturen und gut tastbarem Höhenunterschied (mindestens 1 mm),
– Ausfüllen der Binnenform mit einer gleichmäßigen Oberflächenstruktur,
– Vermeiden einer differenzierten Binnenform, außer bei notwendigen Formklärungen,
– Größenbeschränkung der einzelnen Bildformen auf den engeren Tastraum (Handspanne),
– Beschränkung auf wenige, voneinander deutlich isolierte Formen (Abstand mindestens eine Fingerbreite), die auf der Bildfläche zueinander in Beziehung gesetzt werden,
– Berücksichtigung des geringen Vorstellungsreservoirs Geburtsblinder.

Vergleichen wir unsere Regeln mit den Kriterien für eine Gestaltung von gedruckten Bilderbüchern sehender Kinder, so stellen wir fest, daß bis auf die spezifischen Unterschiede einer haptischen Rezeption, die Anforderungen gleich sind (vgl. Hermann Hinkel, a.a.O., S. 25).

Problematik

Da Geburtsblinde ein weitaus geringeres Vorstellungsreservoir als Sehende besitzen und wegen der spezifischen Schwierigkeiten haptischer Rezeption naturabbildender Formen mußten wir uns auf wenige, bekannte und leicht identifizierbare Gestalten beschränken. Die so entstandenen statischen Tierbilder, ohne eine belebende und verknüpfende Handlung, eignen sich jedoch vorwiegend für kleinere Kinder von 3–4 Jahren, für die das Ertasten dieser Formen – wenn nicht ganz unmöglich, so doch schwierig, zeitraubend und anstrengend ist. Den zum besseren Verständnis beigefügten Text konnten die Kinder selbst noch nicht lesen.

Hinzu kommt, daß in dieser Altersstufe ein anregender Reichtum der Formenwelt geliebt wird und eintönige, schematische Darstellungen als zu erlebnisarm abgelehnt werden. Die Reduktion sinnlicher Qualitäten, die schon bei jeder bildlichen Darstellung gegenüber der Natur eintritt, ist noch größer bei Tastbildern. Wir versuchten deshalb die taktil-makromorphen flächenhaften Formen mit sinnlichen Erlebnismöglichkeiten anzureichern, indem wir die mikromorphen, spezifisch haptischen Qualitäten der verschiedenen Oberflächenstrukturen in die Gestaltung einbezogen.

Weitere Verbesserungsmöglichkeiten lägen im inhaltlichen Bereich, wo eine größere Attraktivität (durch unterhaltsame Suchbilder, Rätsel, Labyrinthe u.ä.) erreicht werden könnte.
Ein flächenhaftes Zeichenrepertoire in Form von Stereotypen als Mittel des Transports für Geschichten über die uns umgebende Wirklichkeit hat Berechtigung als ästhetisches Medium, da die unterschiedlichen Stufen abstrakter Darstellungen für Wirklichkeit jedem ästhetisch produzierten Objekt anhaftet.

2. Projekt: Tastobjekte für Blinde.
Probleme des „fühlenden Tastens"

Die vorhergehenden Tastversuche wurden mit blinden Kindern in der Rheinischen Landesschule für Blinde in Düren durchgeführt. Die Diskriminations- und Übersichtsfähigkeit des Tastsinns bei Blindgeborenen wurden vorher mit den entwickelten Tasttafeln in Versuchsreihen getestet.

Aufgabenstellung

Eine 11. Klasse sollte Tastobjekte für blinde Kinder oder Erwachsene herstellen. Die Gestaltungsmittel sollten sich nur auf tastbare Materialien und ungegenständliche Formen beschränken.

Arbeitsverlauf
Von den Schülern wurden kleine Gruppen gebildet, die jeweils ein Objekt herstellten. Ohne die Vorversuche und ihre Auswertung dauerte die Arbeit sieben Doppelstunden.

Arbeitsergebnisse
1. Wandbild (40 cm × 210 cm) aus rhythmisch angeordneten Rechteckfeldern kontrastierender Materialien im Bereich weicher und warmer Tastqualitäten (Wollstoffe, Samt, Fellsorten).
2. Quartettspiel mit Karten aus Tastmaterialien.
3. Tastlabyrinth (45 cm × 60 cm) mit einem Leitsystem aus verschieden strukturierten Oberflächen.
4. Abstraktes Bild mit Materialien kontrastierender Tastqualitäten.
5. Materialbild (65 cm × 65 cm) mit puzzleartigen Formstrukturen in der Qualitätenskala hart bis weich.
6. Zwei leicht voneinander abweichende Hochreliefs (40 cm × 40 cm) mit verschiedenen geometrischen Greifformen, die durch ein übergespanntes Tuch zu tasten sind.
7. Sechs Tastkästen (35 cm × 35 cm × 35 cm) — Black Boxes — deren Wandoberflächen und enthaltene Körper aus jeweils verschiedenen Material- und Formengruppen voneinander differierender Oberflächenqualitäten und Greifformen bestehen.
8. Dreidimensionales Labyrinthspiel.

Außerdem wurden noch zwei Spiele mit gegenständlichen Darstellungen erfunden:
1. Bildkasten (120 cm × 80 cm) mit einem Vogelbaum, dessen Vögel beim Betasten zwitschern (durch ein auf Druck eingeschaltetes Tonband).
2. Straßenlabyrinth mit in Gleitschienen fahrenden Autos.

Reflexionsphase
Um den Schülern die Problematik haptischer Wahrnehmung und die ästhetischen Kriterien ihrer Arbeiten bewußt zu machen, sollten sie sich neben den Unterrichtsgesprächen auch schriftlich äußern. Als Beispiel einige Auszüge aus dem Text von Christof (Klasse 11):
„Um haptische Raumerlebnisse zu erzeugen, stellte ich geschlossene Tasträume her. Es sind Holzkästen (35 cm × 35 cm × 35 cm), die Tastobjekte enthalten und deren Innenflächen mit Materialien verschiedenster Oberflächenqualitäten beklebt sind. Die Vorderseiten sind jeweils durch ein Tuch abgedeckt. Durch einen Greifschlitz kann man mit einer oder mit beiden Händen hineinlangen und unter völliger Ausschaltung visueller Wahrnehmung Formen und Oberflächen im Inneren betasten. Es soll versucht werden, die Aufmerksamkeit nicht auf das Erkennen zu richten, sondern auf das gefühlsmäßige Erleben der getasteten Oberflächen und Formen. Objekte, wie meine haptischen Räume, können nicht nur in Blindenschulen an Bedeutung gewinnen, sondern genauso in Kindergärten für sehende Kinder. Die haptischen Räume könnten dazu dienen, die Hand als Sinnesorgan weiter auszubilden. Denkbar wäre auch, andere Körperpartien als Tastorgane einzusetzen.

Allgemeine ästhetische Probleme:
a) Es besteht die Gefahr, daß man zu viele Ideen auf einmal verwirklicht. Das Objekt kann zum Beispiel mit zuviel verschiedenem Material ausgestattet sein. Der Tastende wird dadurch lediglich verwirrt und einer Reizüberflutung unterliegen. Es ist also ratsam, sich entweder auf eine Materialart, Form oder Intention zu beschränken.
b) Zu berücksichtigen sind die acht Kanten und vier Ecken, die auch tastend wahrgenommen werden. Der ideale Raum wäre eine Hohlkugel, denn in einer Kugel gibt es weder Ecken noch Kanten.
c) Die fünf Tastseiten werden jeweils verschieden wahrgenommen. Sie entstehen durch die natürliche Stellung der Hand, wenn sie in den Kasten hineingreift. Die Decke zu betasten ist

schwierig, da die Hand mit der Innenseite nach oben gedreht werden muß. Außerdem muß sie gegen die Decke gedrückt werden. Die beiden Seitenwände unterscheiden sich durch ihre Lage. Wird die rechte Hand in den Kasten gesteckt, ist es schwierig, die rechte Wand zu betasten. Bei der linken Hand ist es entsprechend umgekehrt. Die Rückwand wird zunächst nur mit den Fingerspitzen berührt. Will man mit der Handinnenseite tasten, muß man die Hand stark knicken. Am günstigsten ist der Boden, da hier die Hand aufliegen und ausruhen kann.

d) Bei der Empfindungsmodalität ,,Schmerz'' ist es vom Tastenden abhängig, welchen Druck er auf diese oder jene Oberfläche ausübt. Der Schmerz kann also selbst herbeigeführt werden. Es kann stets nur die Möglichkeit gegeben werden, eine bestimmte Empfindung zu erlangen. Die Empfindung selbst kann der Haptiker in hohem Maße selbst regulieren und beeinflussen, erstens durch verschieden starken Druck, zweitens durch Berührung mit den Fingerkuppen, Fingernägeln oder mit der Rückseite der Hand. Streichelt man z.B. die Oberfläche eines Stückes Schmirgelpapier, wird die Empfindung eine weitaus andere sein, als wenn man darüber reibt.''

Problematik

Bei dieser Arbeit sollte der Erlebnisgehalt der Tastempfindungen im Vordergrund stehen. Jede intentionale, auf Erkenntnis und Deutung, auf begriffliche Fixierung gerichtete Einstellung sollte zurückgestellt werden zugunsten einer rein rezeptiven, passiv kontemplativen, dem Erlebnis sich hingebenden Einstellung bei der sinnlichen Wahrnehmung der Formen und Oberflächenstrukturen. Bei dieser einfühlenden Haltung erhalten wir rein haptomorphe, also nur durch die Natur des Tastsinns bestimmte Vorstellungen und autonome haptische Erlebnisse. ,,Neben der Autonomie der optischen Welt steht die Autonomie der haptischen Welt, neben der autonomen optischen Form die autonome haptische Gestalt und neben der optischen Phantasie die Tastphantasie'' (Revesz, a.a.O., S. 141).

Die Eigengesetzlichkeit des Tastsinns selbst mußte also berücksichtigt werden und die spezifisch haptischen Qualitäten der Materialien und Formen mußten als Gestaltungsmittel eingesetzt werden. Dieses Verhalten widerspricht unserem Verhalten im Alltag, das durch Gewohnheit und Erziehung primär optozentrisch geprägt ist.

Beschränkt man sich auf eine dem Tastsinn gemäße Formenwelt, die nicht von optisch geprägten Gestaltvorstellungen ausgeht, gelangt man zu abstrakten und ungegenständlichen Formen. Die in den Vorversuchen gemachten Erfahrungen über die Tastempfindungen und die ausgelösten Gefühle bei verschiedenen Materialien und die ästhetischen Qualitäten von Tastempfindungen (vgl. Arbeitsgruppen 2 und 5) konnten nun gestalterisch verwertet werden.

Schülerbericht zu einem selbständig durchgeführten Tastobjekt

a) Die Glasbox

,,Bei diesem haptischen Raum habe ich mich auf ein Material, nämlich Glas, beschränkt. Glas ist nicht nur außergewöhnlich hart, sondern es hat auch eine besonders glatte Oberfläche. In diesen beiden Eigenschaften liegt der haptische Reiz dieses Materials. Entscheidend sind hierbei jedoch die unterschiedlichen Formen: Flaschenöffnungen (rechte Seite), Flaschenhälse (Rückseite), Glühbirnen (Decke), Einmachglasränder (linke Seite) und eine Glasscheibe (Boden). Die Grundseite soll zunächst einmal lediglich das Material Glas vorstellen. Flaschenhälse habe ich gewählt, weil man hier nicht nur die äußere Oberfläche abtasten kann, sondern genauso den Finger in die Öffnung stecken kann, d.h. die Innenfläche auch zum Teil wahrnimmt. Die Flaschenöffnungen liegen dicht beieinander und sind deshalb auch zahlreicher. In der Mitte dieser Seite sind dreimal je zwei Flaschenöffnungen ineinander

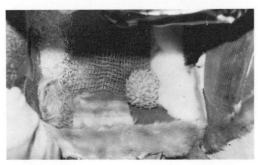
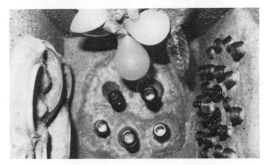

geschachtelt. Die Einmachglasränder wird man einzeln mit dem Finger abtasten. Der besondere Reiz liegt darin, daß der Kreis unvollständig ist und die Enden im rauhen Boden verschwinden. Die Glühbirnenansammlung wird man teils mit den Fingerkuppen, teils mit der Handfläche wahrnehmen, die kleinen Birnen sowie die gewundene Birne am besten mit den Fingerkuppen. Auf die weit herausstehende Birne drückt man gerne den Handteller und/oder greift mit den Fingern um die

Birne. Mit der Handfläche läßt sich die gesamte Seite schlecht überstreichen. Man muß die Summe der Teilwahrnehmungen zu einer Gesamtheit zusammensetzen. Bei diesem Raum habe ich mich jeweils an den Wänden orientiert. Der Untergrund ist bei allen Wänden gleich. Ich beschichtete ihn mit Sand."

b) Die Stoffbox

„Bei dieser Box steht das Material Stoff im Mittel-

punkt. Ich versuchte, nicht nur angenehme, sondern auch abwechslungsreiche Empfindungen zu vermitteln. Schön sind die Materialien insofern sie sich alle warm und zum größten Teil auch weich anfühlen. Dabei haben keine zwei verschiedenen Materialien die gleiche Weiche (Härte) oder gleiche Oberfläche. Ein Stoff, auf dem kleine Gewichte (Steine) liegen, hängt in den Raum hinein. Die Steine liegen lose auf dem Stoff, sind also beweglich. Die Hand kann die Lage der Steine und damit die Oberfläche des Stoffes ständig verändern. Die Empfindungen, die die Hundebürste an der Rückseite und die Kleiderbürste vermitteln, kommen der Empfindung des Fells relativ nahe. Es liegen wie beim Fell einzelne Haare bzw. Drähte sehr dicht beieinander. Beim Fell stehen die Haare noch in einer bestimmten Richtung. Der besondere Reiz liegt darin, daß beim Überstreichen die einzelnen Haare (Drähte) nacheinander von der Hand abrutschen. Besonders extrem ist dieser Reiz bei der Drahtbürste, da man hier fast jeden Draht einzeln wahrnehmen kann.
Bei der ersten Box (Glas) war die Form entscheidend. Bei der zweiten Box (Stoff) war es das Material. Die Empfindungsmodalitäten waren beide Male angenehm. Es bestünde die Möglichkeit, genau komplementäre Kästen herzustellen, bei denen die Empfindungen jeweils unangenehm sind. Dies hieße konkret, einen Kasten mit besonders eckigen, spitzen und zackigen Formen, bzw. mit kaltem, rauhem und hartem Material herzustellen. Eine noch andere Variation wäre gewesen, die Gegensätze in einem Kasten zu vereinigen."

c) Die Luftballonbox

„Ich füllte 13 Luftballons mit 13 verschiedenen Materialien. Die Oberfläche besteht also immer aus Gummi, trotzdem sind die Wirkungen verschieden. Ich füllte zwei Ballons mit Luft, wobei einer prall gefüllt wurde, der andere nur wenig Luft erhielt. Außerdem benutzte ich Watte, Stroh, Styroporkügelchen, feuchten Sand, Zucker, Mehl, Wasser, Glaskugeln, Steine, festgewordenen Gips, Bananenschalen. Die Unterschiede bestehen a) in den verschiedenen Temperaturen, d.h. in den verschiedenen Wärmeleitfähigkeiten – ein Stoff fühlt sich um so wärmer an, je schlechter seine Wärmeleitfähigkeit ist; b) in den verschiedenen Verformungsmöglichkeiten. Im Gegensatz zu dem bisherigen kann man hierbei die einzelnen Ballons in die Hand nehmen und umgreifen, die Hand sowie die einzelnen Finger bewegen, wodurch eine Verformung zustande kommt. Je nach Material formt sich der Ballon beim Tasten bzw. Greifen wieder verschieden weit in seine ursprüngliche Lage (Kugel) zurück. Dadurch wird ein Gegendruck auf die Hand ausgeübt, der durch die Spannung des Gummis entsteht und im einzelnen vom Material abhängig ist. Mir kommt es hier weniger darauf an, daß die Materialien erkannt werden, als daß man die verschiedensten Empfindungen unterscheidet und miteinander vergleicht. Die Wände sind aus Styropor, einem warmen, weichen Material zum Schutz der dünnen Gummiwände. Der Boden besteht aus Schaumgummi aus dem gleichen Grund."

d) Die Kugelbox

„Bei dieser Box habe ich jeder Seite eine bestimmte Befestigung zugeordnet. Als Form wählte ich die Kugel nicht zuletzt deswegen, weil sie angenehm zu tasten ist. Die Kugel wird sofort als solche erkannt. An ihrer Oberfläche ist nichts Aufregendes oder Interessantes. Sie ist die einfachste und natürlichste Form. Wahrscheinlich ist sie so angenehm zu fühlen, weil sie unkompliziert und gleichförmig ist. An der Decke konnte ich die Kugel an dünnen, sehr leicht beweglichen Fäden aufhängen. Hier erfährt die Hand den geringsten Widerstand. An der linken Wand hingegen ist der Widerstand, den die Kugeln auf Grund ihrer Befestigung bieten, etwas größer. Diese Kugeln sind an einem dünnen langen Federstahldraht montiert, so daß sie senkrecht zur Wand in den Raum hineinstehen. Genauso sind die Kugeln auf der gegenüberliegenden Seite befestigt. Diese Kugeln sind jedoch nicht nur schwerer, sondern sind außerdem an einem noch härteren, dickeren Federstahldraht befestigt. Der Widerstand wird also noch größer sein, damit auch die Trägheit der Kugelbewegungen. Die Rückwandkugeln sind wieder leichter und ebenfalls an einem Drah befestigt. Dieser Draht (Wickeldraht) hat die Eigenschaft, sich sehr leicht biegen zu lassen, es werden also kaum federnde oder schwingende Bewegungen erzielt. Die Hand kann diese Kugeln biegen, wohin sie sie möchte. Die Bodenkugeln sind völlig fest. Der Widerstand ist hierbei am größten. Die Mittelpunktkugel des Bodens ist im Gegensatz zu allen anderen Kugeln bereits in Schwingungen (Vibration) versetzt. Diese Schwingungen kann man mit dem Auge nicht wahrnehmen. Man erkennt die Vibration nur durch Berührung. Bei dieser Box sind auch die akustischen Reize interessant. Eine der Deckenkugeln ist nicht an einem Faden, sondern an einem Gummiband aufgehängt. Die Kraft des Gummis ist auch nur durch die Hand erfahrbar. Es besteht die Möglichkeit, diese Kugel auf die vibrierende Kugel zu drücken, wodurch auch Geräusche entstehen."

e) Die Box mit den zwei Öffnungen

,,Dieser Tastraum hat zwei Öffnungen und ist völlig leer. Er wird so aufgestellt, daß beide Öffnungen senkrecht zur Wand stehen, so daß die rechte und die linke Hand von beiden Seiten hineinfahren können. Wenn das geschieht, ist der Raum nicht mehr leer, denn dann kann die eine Hand die andere berühren. Die Hand wird zum Objekt und ist gleichzeitig Vermittler der Wahrnehmungen. Halten zwei Personen jeweils eine Hand in den Kasten, so ändert sich an der Doppelfunktion der Hand nichts, für den einen ist die eigene Hand Vermittler, die fremde Hand Objekt. Ich baute diesen Kasten, um einmal die tastende Hand in den Mittelpunkt zu stellen."

Aktualisierung der Arbeitsergebnisse

Die Schüler visualisierten die in den Projekten gemachten Erfahrungen durch Schrifttafeln und Plakate und stellten sie mit den Arbeitsergebnissen zu einer Ausstellung unter dem Titel ,,Sehende Hände" zusammen. Hierbei arbeiteten sie mit dem örtlichen Blindenverein und der Landesschule für Blinde in Düren zusammen, die beide weiteres Material beisteuerten. Das Ziel der Ausstellung war die sachliche Information über die Probleme der Blinden. Um möglichst viele Bürger anzusprechen, wurde als Ausstellungsraum das Rathausfoyer gewählt, in dem ständig starker Publikumsverkehr herrscht.

Eine zweite Aktion war die Beteiligung an einer ,,Integrationsveranstaltung" für Behinderte im Rahmen des Neusser Stadtfestes. Hier wurden 10 Tastkästen aufgebaut (30 × 30 × 1,50 cm, finanziert durch eine Spende der Stadt), die in Armhöhe Öffnungen hatten, durch die man an Rückwänden durch Tücher abgedeckte Flachreliefs (Tierbilder des Blindenbilderbuches) ertasten konnte. So erlebten Sehende den schwierigen haptischen Wahrnehmungsvorgang und konnten sich in die Lage der Blinden hineinversetzen.

Diese Aktionen stellten die Verbindung her zwischen der Arbeit in der Schule und der Öffentlichkeit, für die Schüler ein wichtiger Schritt wegen der in der Öffentlichkeit stattfindenden Interaktion über die Probleme haptischer Wahrnehmung und Gestaltung, die somit nicht im ästhetischen Bereich isoliert bleiben. Gleichzeitig wurde diese öffentliche Veranstaltung Anlaß für eine Verhaltenseinübung der Schüler, zu selbst erworbenen Anschauungen Stellung zu beziehen und sie zu verbalisieren. Die Kommunikation im außerschulischen Rahmen entgrenzte die verschulte Ästhetische Erziehung und stellte zur außerschulischen Wirklichkeit den notwendigen Bezug her. Dieses Erfolgserlebnis wurde für die Schüler eine wichtige Motivation für die weitere Arbeit im Unterricht.

7. Plastisches Gestalten als sinnenorientierter und gesellschaftsbezogener Lernprozeß

Klasse 12, Leistungskurs. 18 Schüler (15 Mädchen, 3 Jungen).
5 Stunden pro Woche, Dauer der Unterrichtsreihe: 5 Monate.
Thema: Die menschliche Figur als Anlaß, über die ästhetische Praxis und den Menschen in der Gesellschaft zu reflektieren.

Ausgangspunkt und Richtziele
Die Leistungskursgruppe hatte sich für plastisches Gestalten in Speckstein/Alabaster entschieden. Aufgrund der vorangegangenen Kurse (Analyse von Werken der bildenden Kunst und Analyse von Anzeigenwerbungen) hatte sich in ihnen das Bedürfnis entwickelt, sich mehr über die Hände in den künstlerischen Prozeß einbringen zu können. Um die Erarbeitungen der vorherigen Kurse nutzbar zu machen, galt es also, das ausgeprägte Bedürfnis der Gruppe nach ästhetischer Praxis im haptischen Bereich in einen Prozeß einmünden zu lassen, der in die Verflechtung von Realität, ästhetischer Praxis und ihrer Darstellung im Medium Einblick gab, wobei die Herleitung und Auswirkung der Darstellung auf Hersteller und Betrachter bewußt erlebt und rückvergegenständlicht werden sollte. Die Sensibilisierung der optischen und haptischen Wahrnehmung als Teilschritt war dabei eine wichtige Voraussetzung, um die gegenseitige Bedingtheit der Wahrnehmungsvorgänge und ihrer gesellschaftlichen Präformierung sichtbar zu machen.[31]

Zeichnen nach Modell:
Erfassung körperlicher Realität
Da bis auf eine Schülerin in der Gruppe noch keiner mit Stein gearbeitet hatte und Erfahrungen erst gemacht werden mußten, erschien es den Schülern sinnvoll, anhand unterschiedlicher Arbeitsvorgänge sich mit dem Thema auseinanderzusetzen.
Schüler aller Stufen sind erfahrungsgemäß an die unterschiedlichsten Arten der Realität gewöhnt, allerdings ohne darüber zu reflektieren. Ebenso gehen sie mit Abstraktionen um, ohne sich gezwungen zu sehen, sie wieder zu vergegenständlichen. Beides wird für selbstverständlich gehalten, jedoch in der Praxis kaum miteinander in Zusammenhang gebracht. Realität und Abstraktion führen ein vom Schüler abgetrenntes Dasein und sind somit in ihrer Bedeutung nicht dem Bewußtsein zugänglich.
Ein wichtiger Einstieg zu dem Thema war, die Alltagsrealität der Lerngruppe zu berücksichtigen.[32] Es war naheliegend, daß die Arbeitsgruppe sich gegenseitig Modell stand, um erste zeichnerische Versuche zu probieren. Sie wollten herausfinden, inwieweit es ihnen gelang, etwas von der Realität zu vermitteln, so wie sie ihnen vor Augen stand. Während der zeichnerischen Arbeit stellten die Schüler fest, daß ihre Darstellungen die Realität nicht befriedigend schilderten. Die bildnerischen

Probleme wie Proportion, Räumlichkeit, Perspektive, Plastizität wurden deutlich als Defizite des zeichnerischen Könnens und als notwendige Voraussetzung zur Schilderung der Realität erfahren. Daß die Zeichnungen bereits Abstraktionen von der Realität waren, war den Schülern offensichtlich.

Über die eigene praktische Arbeit, die sich an der Realität orientiert, lernt der Schüler, Abstraktionen zu erkennen, selbst vorzunehmen und zu interpretieren.

Die Beobachtung der bildnerischen Mittel und ihrer vielfältigen Ausdrucksmöglichkeiten, die sich schon jetzt in der relativ kleinen Gruppe abzuzeichnen begannen, motivierte die Gruppe zu einer konzentrierten Arbeit. Nach einer zweistündigen Zeichenarbeit fühlten sich die Schüler regelrecht erschöpft, aber intrensisch motiviert. Das Erlebnis mit dieser Arbeit hatte sie emotional bereits an das Thema gebunden.

Die Beobachtung der Realität innerhalb der ästhetischen Praxis leitet einen Sensibilisierungsprozeß gegenüber den Ausdrucksformen der Realität und ihrer Darstellung im Bild ein, der die Realität als bewußtes Gegenüber benötigt.

Bei der Betrachtung einer Zeichnung mit dem Detail „übereinandergeschlagene Beine" wies die betreffende Schülerin darauf hin, daß die Länge des einen Beins zum anderen nicht stimmte, was keinem aufgefallen war. Dagegen erschien der Gruppe die Darstellung des Sachverhalts des „Übereinanderschlagens" gut getroffen. An dieser Darstellung wurde deutlich, daß eine überzeugende Interpretation der Realität nicht vom Zollstock abhängig sein mußte.

Körpersprache als Ausdrucksmedium
Die Gruppe bekam den Eindruck, daß sie nicht genügend Anregungen durch ihre eigenen Modelle erhielt, zeichnerische Ideen zu entwickeln. Hier konnte nun auf die vorherigen Kurse zurückgegriffen werden, indem der Aspekt der Körpersprache in beiden Bereichen vertieft werden soll-

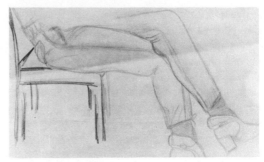

te. Die Interpretation von Körpersprache konnte nur ansatzweise geschehen, um den Prozeß einzuleiten bzw. Einsichten zu verstärken, wann und wie unsere Körpersprache uns selbst unbewußt bleibt und, damit frei verfügbar für andere, vermarktet wird. Allerdings ist die Diskrepanz von der Einsicht in gesellschaftliche Zwänge und der Fähigkeit zum selbstgesteuerten emanzipierten Verhalten kaum zu überbrücken. Die Untersuchung des Ausdrucks unserer Körpersprache, der für individuell gehalten wird, war ein Schritt zur bewußten Gestaltung der menschlichen Figur, die sowohl beschreibend als auch antizipierend menschliches Verhalten visualisieren sollte.

Es bildeten sich zwei Gruppen für diese Untersuchung.

Nachstellen von Werbeposen als Entlarvung körperfeindlicher Rollenklischees
Die Schülerinnen der Gruppe 1 lösten zunächst Figuren von Frauen auf Werbeanzeigen aus dem

Gesamtzusammenhang heraus. Bereits am Bildmaterial zeigten sich durch die Wiederholungen der Posen die Stereotypen und Rollenzuweisungen von Mann und Frau. Die inszenierte Ausstrahlung zielte in dieselbe Richtung: Fröhlichkeit, Selbstvertrauen und Liebe als Appetenz und Depression, Isolation und Ängste als Aversion.[33] Um diese Erfahrungen nicht nur über die Analyse und die zeichnerische Herauslösung auszulösen, sondern körperlich nahezubringen, nämlich über die Pantomimik den Fremdausdruck bewußt erleben zu lassen, stellten die Schüler dieser Gruppe Posen aus der Anzeigenwerbung nach. Es stellte sich heraus, daß die Posen, die wie selbstverständlich und natürlich wirkten, körperlich kaum nachzuvollziehen waren. Stattdessen führten die Posen zu einer starken Verkrampfung des Körpers. Es gelang kaum Fotos zu machen, da die Schüler innerhalb kurzer Zeit ganz einfach aus der unnatürlichen Haltung heraus- und umfielen. Damit wurde die gezielte ‚Idealisierung' bzw. Manipulation der Körpersprache aufgedeckt, und die durch sie bewirkte Körperfeindlichkeit offenbart. Das Nachstellen der Posen hatte an dieser Stelle die Aufgabe erfüllt, über die eigene angenommene Haltung einen Denkvorgang einzuleiten, der sich von der optischen Wahrnehmung nicht mehr manipulieren ließ.

Rollentausch: Eine Einstiegsmöglichkeit, Körpersprache als verordnet zu erleben
Die Schüler entdeckten aufgrund von Rollentausch bei der fotografischen Arbeit, daß die Posen genau festlegten, was weiblich und männlich zu sein hatte, und wodurch sich dies kennzeichnete. Die Einnahme von typischen Körperstellungen von Mann und Frau in den Werbeanzeigen ließ bei dem Rollentausch die gesellschaftliche Stellung der Frau schlagartig offensichtlich werden, als Jungen die Haltung von Frauen einnahmen, die zum Mann ehrfürchtig aufschauten und sich ihm unterwürfig anboten.

Über bewußt erlebte eigene Körpersprache lassen sich tradierte, gesellschaftlich verordnete, antiemanzipatorische Verhaltensmuster der Körpersprache an sich selbst und in den Massenmedien aufdecken und der Reflexion zugänglich machen.

Die anschließende Diskussion mit den Schülern ergab, daß Werbung keine Anregungen für differenzierte menschliche Körpersprache liefert, sondern im Gegenteil mit der Produktwerbung gleichzeitig auch Klischees zur Nachahmung anbietet und einprägt, die überholte gesellschaftliche Rollen fixieren.

Bei der Erörterung dieses Problems brachte eine Schülerin die Frauenzeitung „Emma" (Nr. 12/77) mit. Sie hielt die Darstellungen der Körpersprache von Mann und Frau für eine aufschlußreiche Ergänzung. Es entspann sich daraufhin ein angeregtes Gespräch über unsere eigenen Verhaltensweisen bzw. Normen, die unsere Körpersprache bestimmen. Die in der „Emma" gezeigte aufdringliche und daher eindringliche Wiederholung der Posen wirkten wie Verstärker von eigenen Spiegelbildern. Auch das Verhalten vor dem Spiegel ist zum Teil von Werbeleitbildern präformiert und wird in ständiger Selbstbespiegelung verfestigt und verinnerlicht. Ein weiterer Aspekt ist die geschlechtsspezifisch unterschiedliche Kleidung, die — selbst gesellschaftlich-historisch bedingt — durch ihre Form und haptische Beschaffenheit die Körperbewegungen und -haltungen steuert. So wird die Körpersprache kanalisiert und auf Rollenklischees festgelegt.

Die Diskussion erzeugte bei den Schülern eine starke Abwehrhaltung gegen eine derartige Festlegung. Allerdings mußten wir auch hier wieder feststellen, daß unsere unbewußte, für Selbstausdruck gehaltene „Bewegungsfreiheit" gesellschaftlich bedingt, gelernt und keineswegs „natürlich" ist. Da sich dieser Vorgang während der gesamten Menschheitsgeschichte entwickelt und verfestigt hat, ist er nicht einfach rückgängig zu machen, was auch nicht unreflektiert versucht werden sollte. So begnügten wir uns erst mit der Einsicht, daß ein einfacher Rollentausch in bezug auf Kleidung und Körpersprache noch nicht mit einem emanzipierten Verfügen über die eigene Körpersprache gleichgesetzt werden durfte

Adaption von Rollenklischees:
Vermarktung der bildenden Kunst

Auf Werbeanzeigen finden wir häufig Körperhaltungen, die auf das Vorbild von Mariendarstellungen zurückgeführt werden können. An diesem Beispiel wurde der nahe Bezug der Körperhaltung der Maria zu dem der Frau zudiktierten Rollenverhalten und damit der Körpersprache aufgezeigt. Auf der Anzeige der Scholl-Werbung (von uns nachgestellt auf der oberen Abbildung) ist die Ähnlichkeit der Pose dieser Frau mit einer Mariendarstellung unverkennbar. Eine passive, in sich ruhende Wirkung wird durch die geschlossene Form, die angewinkelten Arme, verkrampft überkreuzten Beine und durch die abwartende, leicht demütige Kopfhaltung erzielt. Statt des Jesuskindes hält hier die Frau einen Schuh auf dem Schoß. Die symmetrische Körperhaltung wird durch die waagrechte Lage des Schuhs betont und weist von daher auch auf die unnatürliche Haltung der Frau hin. Die Blume auf ihrer linken Brust vermittelt ihre florale, hingebungsvolle Lebensweise. Während der Mann in der Haltung nach außen geöffnet zu sein scheint, also Kontakt mit der Welt signalisiert, die Pfeife Männlichkeit und Sicherheit, verbunden mit gehobenem Lebensstandard, symbolisiert, zeigt die Stellung der Schuhe auf seinem Schoß an, daß er keineswegs sich in formale, genormte Zwänge einzuordnen gedenkt. Während der Schuh auf dem Schoß der Frau in Verbindung mit den gekreuzten Beinen den Zugang zu ihrer Sexualität abzuriegeln scheint und unzugänglich macht, läßt der eine Schuh auf dem Schoß des Mannes Assoziationen an das Glied des Mannes aufkommen, welches sich dem Betrachter zwischen geöffneten Knien ungezwungen darbietet.

Die Tochter wiederholt die Pose der Mutter und veranschaulicht damit ihre verinnerlichte Einstellung zur Sexualität und ihrem gesellschaftlich verordneten Rollenverhalten. Auf den ersten Blick läßt sich lediglich das Kind neben der Mutter schwer einordnen. Sein Kopf sieht aus wie der eines kleinen Mädchens mit längeren Haaren, doch die weichen Züge werden durch den spitzen Hemdkragen nicht mehr betont und lassen so eher an die noch mädchenhaften Züge eines Knaben denken. Auch der fehlende Rock und die bereits geöffnete Haltung der Knie und Füße im Kontext der Stellung der Schuhe signalisieren bereits das Männliche. Weitere Anzeichen für eine verordnete weibliche Körpersprache sind die nur mit den Fingerspitzen zierlich haltenden Hände der Frau, wie die der Tochter, während die geöffnete zugreifende (besitzergreifende) Hand des Mannes und die leicht geballten und jungenhaft ungelenken Hände des Knaben wieder das schon Männliche auch im Knaben verdeutlichen. Die wie selbstverständliche Hierarchie von Vater, Mutter, Sohn (als ersehnter männlicher Nachwuchs) und Tochter (als zierlicher Rahmen und femininer Kontrapunkt zur Männlichkeit des Vaters) schildert die Rangordnung einer „Idealfamilie" und ihr gesellschaftlich verordnetes Verhalten.

Bei einem Blick auf die angebotenen Schuhe verrät der beigefügte Text, was sich nonverbal im Bild ausdrückt. Die Schuhe für den Vater sind Hausschuhe, wobei hier die Assoziatoin entsteht, daß er sich nach harter Arbeit im Haus entspannt. Seine Sexualität braucht er nicht zu demonstrieren, sie steckt in seiner Arbeitspotenz. Die eleganten Schuhe sind für die Mutter. Da sie nur im Hause tätig ist, macht sie sich für ihren Mann und zur Repräsentation schön. Sie lebt nur für ihn und die Kinder. Der Sohn wird mit strapazierfähigen Schuhen in Verbindung gebracht. Seine übersprudelnde Aktivität wird später in gesellschaftlich anerkannte Bahnen kanalisiert. Die Tochter trägt schicke Schuhe. Noch ist ihre Sexualität nach außen gerichtet in genormten Verhaltensmustern, bis sie im Hause privatisiert und domestiziert wird.

Auch wenn die hier aufgezeigte Betrachtungsweise dieser Anzeige mit der Gruppe nicht in allen Details zur Sprache kam, konnten dennoch die dadurch zum Ausdruck kommenden Ideologien aufgedeckt werden.

Über die ästhetische Praxis kann der Schüler anhand der Identifikation mit dargestellten Personen oder deren Ablehnung einen Prozeß der Selbstreflexion einleiten, der ihm gesellschaftliche Bezüge bewußt und sie so einer Problematisierung zugänglich macht.

Frauendarstellungen in der bildenden Kunst als Spiegel der Rollenfixierungen
Die Schüler der Gruppe 2 untersuchten die Körpersprache der abgebildeten Figuren und stellten zunächst mit Überraschung bei Vergleichen während der Arbeit fest, daß vielfach die Körperhaltungen der Frauen, die sie von den Werbeanzei-

Mann: optische Eindrücke werden haptifiziert und mit sexuellen Vorstellungen assoziiert.

Körpersprache als Kaufversprechen oder Spiegel der Realität

Auf der Suche nach Vergleichen zu zwei Frauendarstellungen von Otto Dix in bezug auf die Werbung, schlossen die Schülerinnen sofort aus, daß das Bild (hier in einer Schülernachzeichnung) eine Entsprechung in der Anzeigenwerbung finden könnte. Die Reaktionen der Schülerinnen auf die Darstellung der knienden Frau von Otto Dix war überaus scharf und äußerte sich in Ablehnung, sogar Abscheu vor der Dargestellten, obwohl die veranschaulichte Situation keineswegs ungewöhnlich ist. Das Bild ging einem unter die Haut wegen seines Realismus. Die Pose der Frau vermittelte, obwohl sie aus dem Zusammenhang eliminiert war, dennoch das Milieu und die Atmosphäre, in der die Frauen von Otto Dix leben, und durch die sie geprägt wurden. Während auf dem Original diese Frau nackt mit einem kleinen Hündchen spielt und dabei ein unbefangenes, sogar versunkenes Lächeln auf den Lippen hat, charakterisierten die Schülerinnen sie als niedergeworfenes, unterdrücktes Wesen, mit dem sie sich nicht identifizieren wollten. Diese Frau entsprach nicht dem schon durch Schülerinnen verinnerlichten ästhetischen Leitbild durch die Massenmedien. Das zweite Bild hingegen fand eine Entsprechung in zwei Darstellungen von Mannequins. Während das Bild von Otto Dix einen Einblick in das harte Leben der Frau gab, das sich im harten Gesichtsausdruck veräußerlicht, zeigten die Gesichter der Mannequins Leere und Passivität trotz weiblicher aggressiver Sexualität, die gesellschaftlich nicht aktiv werden darf. Die Sexualität dieser Frauen wird vermarktet für ein Produkt, welches wiederum für Frauen ist. Die verordnete Sehweise der Frau in bezug auf die Frau geschieht über die männliche Sehweise und wird als weibliche Norm verinnerlicht.

gen her kannten, auch in der bildenden Kunst häufig mit leichten Abwandlungen wieder auftauchten, und eine sich anbietende Sexualität zum Ausdruck brachten. Sie erkannten, daß die vermarktete Sexualität – geprägt von der ebenfalls vermarkteten Sexualität des Mannes – in der Anzeigenwerbung auf den Kauf eines Produkts abzielt, hingegen in der bildenden Kunst eher auf eine Interpretation der Rolle der Frau in ihrer Zeit gerichtet ist – aus der Sicht des Mannes. Der Stil der Darstellung zielt hier wie dort auf greifbares Erfassen, auf Besitzer-„greifung" durch den

Die Körpersprache der Frau von Otto Dix zeigt an, daß auch sie ihre Weiblichkeit dazu benutzen mußte, um das Leben bestehen zu können. Sie ist, anders als die beiden Mannequins, gezeichnet von dem harten Lebenskampf.

Das Mannequin mit dem Tüllrock fordert nicht nur den Zugriff nach ihrer Sexualität heraus, es löst auch haptische Bedürfnisse aus. Das Material seiner Kleidung, Goldhose, Taft und Tüll, vermittelt Assoziationen mit Glanz und Glätte, die, durch die weißschimmernde Haut verstärkt, einen erotischen Zusammenklang bewirken. Sensible Menschen erleben verstärkt die erotische bzw. sinnliche Ansprache der Umwelt über das Material, und so werden auch diese primären Bedürfnisse, bleiben sie unreflektiert, im gesellschaftlichen Verwertungszusammenhang vermarktet.

Anschließend regten die Schüler an, zu einem anderen Zeitpunkt die Körpersprache des Mannes und der Frau in Werken der bildenden Kunst zu untersuchen. Es interessierte sie, herauszufinden, ob und wie es Künstlern gelungen sein mochte, die in ihren Vorstellungen eingeprägten gesellschaftlichen Leitbilder der Rollenklischees der Geschlechter reflektierend darzustellen. Allerdings nahmen die Schüler schon jetzt an, daß sich im Kunstwerk auch nur das Bild des Zustandes gesellschaftlicher Entwicklung aus der Sicht des Mannes spiegele. Die Jungen in der Gruppe zeigten sich an der Themenstellung ebenso interessiert, vor allem wohl, weil sie von der Mädchengruppe nicht ausgeschlossen oder angegriffen wurden, was auch ihrerseits nicht provoziert worden war. Durch kritische Stellungnahmen wurde deutlich, daß sie ihren gesellschaftlichen Standort nicht erst zu dem Zeitpunkt reflektiert hatten, sondern durchaus begonnen hatten, sich historisch zu sehen.

Material als Auslöser für haptisch-visuelle Erlebnisse

Erst nach dieser ausführlichen Reflexionsphase über Körpersprache und ihre gesellschaftliche Ursache und Prägung begannen wir mit der praktischen Arbeit. Vorher galt es, noch ein weiteres Problem an die Gruppe heranzutragen, das sie über die Praxis ihrer eigenen Erfahrung als solches erkennen und damit für die weitere Arbeit berücksichtigen konnten. Erst danach konnten realisierbare Entwürfe konzipiert werden. Es war nicht nur das teure Material – zu kostbar für ,,trial and error" – das ein Scheitern nicht erlaubte, sondern auch die Gefahr einer Zerstörung jeglicher Motivation, wenn lange vergeblich an einem Thema gearbeitet würde. Bei diesem Material kommt der Begriff ,,Materialgerechtheit" voll zur Geltung, ohne ideologische Belastung, da bei falscher Materialbehandlung der Stein zerbricht. An einigen Reststücken, die für eine Bearbeitung zu klein waren, versuchten die Schüler eine Bearbeitungsprobe. Da sie jedoch vorerst noch nicht ihre Kraft im Hinblick auf die Sprödigkeit des Materials getestet hatten, zerbrachen die Stücke oder bröckelten ab. Hierbei erfuhren sie erstmalig das Material und seinen Widerstand, der weniger in seiner Härte als in seiner Sprödigkeit lag. Andere Reststücke wurden in die Finger genommen, einzelne Schichten abgehoben und zwischen den Fingern pulverisiert. Erst diese wesentlichen sinnlichen Erfahrungen konnten Ausgangspunkt zur plastischen Arbeit werden.

Motivation durch sinnliche Erfahrung von Originalen

Die sinnliche Erscheinung der Steinbrocken bot keinen großen Anreiz zur Arbeit. Sie wirkten im unbearbeiteten Zustand weder optisch noch haptisch ansprechend.[34] Der Speckstein (auch Soapstone genannt) fühlte sich leicht glitschig an, die Färbung war grau und unansehnlich.

Es ergab sich die Möglichkeit, den Schülern eine originale Specksteinskulptur aus dem Norden

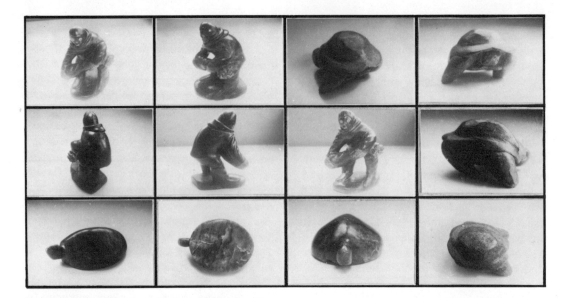

Kanadas zu zeigen.³⁵ (Die fünf Abbildungen links oben und in der Mitte.) Die 30 cm hohe Figur durfte in die Hand genommen und abgetastet werden. Die kühle, leicht fettige Glätte des Materials, verbunden mit der moosgrünen Farbigkeit des Steins löste bei den Schülern Bewunderung über das bearbeitete Material aus, weckte das Bedürfnis, sie lange in der Hand behalten und über die Oberfläche streichen zu können. Die ineinanderfließenden ruhigen Schwünge des Konvexen und Konkaven, die straffe Prallheit der gewölbten, von innen her gespannten Oberfläche und die kompakte Geschlossenheit der massigen Form wurden mit beiden Handflächen bei geschlossenen Augen rein haptisch erfahren. Schönheit des Materials und formaler Ausdruck wurden jedoch nach unseren Vorübungen nicht mehr nur absolut gesehen, sondern in Beziehung zu dem hohen Schwierigkeitsgrad der Bearbeitung gesetzt. Die Verflechtung von künstlerischen und außerkünstlerischen Bedingungen wurde ersichtlich.

Abbildungen über den Lebensraum der kanadischen Eskimos verdeutlichen den Zusammenhang zwischen der Form und dem zugehörigen kulturellen Hintergrund. Die räumliche Unabhängigkeit der ganz aus ihrem Kern, von innen lebenden gewölbten Formen der Eskimoplastik steht in einer engen Beziehung zu dem als unendlich erfahrenen freien Raum der Landschaft. Die Skulpturen sind in ihrer eher geschlossenen, kugelhaften, haptisch erlebten Qualität zudem Ergebnisse einer hoch entwickelten manuellen Sensibilität und Sinnesschärfe, unerläßliche und lebenswichtige Voraussetzung im täglichen Kampf um Jagdbeute.

Weitere Abbildungen von Skulpturen, die in ihrer Form noch geschlossener waren als die vorliegende, vertieften den Themenkreis, da die Schüler sie sehr aufmerksam betrachteten. Dennoch war ihnen schnell klar, daß sie nicht einfach übernommen werden konnten, drückten sie doch ein völlig anderes kulturelles Leben aus. Viele Fragen zur Gestaltung der Figuren im Abbild ließen sich nicht klären. Hierbei wurde wie selbstverständlich das Medium Foto in seiner Aussagefähigkeit relativiert und als sehr eingeschränkt erkannt.

Hatten die Schüler die Figur zuerst nur befühlt, um

das Material zu genießen und um einen schnellen Überblick über die gesamte Form zu bekommen, veränderten sie nun bewußt die Stellung der originalen Figur in einem sehr langsamen Ablauf und – unbefriedigt von den Abbildungen, die nur eine Seite der Plastik schilderten – wanderten sie die Figur mit der Hand und mit dem Auge ab, um herauszufinden, wie sich die Figur formal mit ihrer erlebnisreichen Oberfläche zu einer geschlossenen Einheit zusammenfügte. Sie machten sich gegenseitig auf Formungen aufmerksam, die mit dem Auge kaum mehr zu sehen, mit der Hand jedoch deutlich zu ertasten waren, und, trotz ihrer „Unsichtbarkeit" für das Auge, wichtig für den Gesamteindruck schienen, um das Material durch den veränderten Lichteinfall plastischer und farbig nuancenreicher erscheinen zu lassen.

Schülerarbeiten als Ermutigung und Orientierungshilfe
Da der Anspruch der Eskimoskulptur an handwerklichen Anforderungen für die Schüler zu hoch war, hätte die Diskrepanz zur Selbsteinschätzung ihrer Fähigkeit dazu führen können, die eigene Arbeit mit wenig Selbstvertrauen zu beginnen, und von vornherein ein negatives emotionales Klima geschaffen. So bot sich als Einstieg in die Arbeit mit Stein und ihren Anforderungen an, den Schülern fertige Speckstein- und Alabasterplastiken zu zeigen, die zu einem anderen Thema bereits von einer Oberstufenklasse gemacht worden waren.
Am Vergleich zweier Darstellungen zum Thema „Schildkröte" ließen sich im Zusammenhang mit der Eskimoskulptur zwei gegensätzliche Gestaltungsmöglichkeiten aufzeigen.

Gefühlsorientiertes und erkenntnisorientiertes haptisches Gestalten: Wege zur Interpretation der Realität
Die erste Schildkröte (von Birgit, unten links) hatte eine stark vereinfachte Form. Sie begeisterte die Gruppe durch die entstandene jadegrüne feinpolierte Oberfläche, die die einzelnen Steinadern in andersfarbigen Grüntönen lebendig hervortreten ließ. Die polierte Oberfläche reflektierte das Licht und vertiefte so die Farbnuancen. Die geschliffene Oberfläche der Plastik stimulierte die Betrachter, die Hand über den „Panzer" gleiten zu lassen und mit den Fingerkuppen die Glätte zu genießen. Das Material trat deutlich in den Vordergrund. Die stark vereinfachte Form vermittelte etwas von der Langsamkeit und Trägheit einer Schildkröte. Sie wirkte geschlossen und damit in sich ruhend.
Der Abstraktionsvorgang wurde von der Gruppe als solcher erkannt, hatte doch jeder schon einmal eine Schildkröte gesehen, und die abstrahierte Form entsprach ohne weiteres noch vagen Vorstellungen von der Gestalt des Tieres.
Aus den Notizen dieser Schülerin ging hervor, daß sie die Form aus der Vorstellung gestaltet hatte und sich lediglich anhand eines Biologiebuches über die Gesamtform informiert hatte. Die starke Vereinfachung der Form hatte einerseits mit der Sprödigkeit des Materials zu tun (und so verzichtete sie auf die Beine und den Schwanz der Schildkröte), andererseits war die Vereinfachung eine Interpretation der Vorstellung, wobei die vorgenommene Abstraktion nicht das Resultat einer Auseinandersetzung mit der primären Realität war.

Plastisches Gestalten als Realitätsbezug
Die zweite Schildkröte (von Annegret, auf der Abbildung rechts) hingegen wirkte im Gegensatz zur ersten Schildkröte sehr natürlich und sehr lebendig. Die typischen Merkmale waren hier eingefangen, und so erschloß sich auf diese Weise leicht ein Zugang zum Betrachter.
Das Material lenkte hier nicht so viel Aufmerksamkeit auf sich, da die Oberfläche von den Bearbeitungswerkzeugen (Raspel, Feile) noch gekerbt schien. Sie wirkte insgesamt matter und weniger grün, entsprach aber so eher dem wirklichen Eindruck. Diese Plastik vermittelte mehr Realität. Doch auch sie regte den Betrachter an,

sie in die Hand zu nehmen, aber weniger wegen der haptischen Qualitäten, sondern aus der Neugier heraus, sie von allen Seiten her zu betrachten und den Realitätsgrad zu untersuchen. Legte man beide Schildkröten auf den Rücken, gewann Annegrets Schildkröte noch an Ausdruckskraft, da sie eine reale Schildkröte so stark interpretierte und die Skulptur eher als versteinerte Kröte erscheinen ließ denn als bearbeiteten Stein. War bei Birgits Schildkröte das haptisch-emotionale Erlebnis und die optische Ansprache primär der Grund des allseitigen Betastens, so war der Tastvorgang bei Annegrets Kröte eher auf Erkenntnis orientiert.

Annegret schrieb zu ihrem Arbeitsprozeß: „Ich entschied mich für einen Stein und überlegte mir dann eine dem Stein entsprechende Figur. So kam ich zu dem Thema der Schildkröte, das mich sehr interessierte, da ich zu Hause zwei Schildkröten habe. Ich stellte mir persönlich die Aufgabe, dem Material zum Trotz und bei dem ohnehin plumpen Körper einer Schildkröte soviel Bewegung wie möglich zum Ausdruck zu bringen. Um die Skizzen naturgetreu herzustellen, benutzte ich mehrere Biologiebücher und beobachtete während dieser Zeit intensiv meine eigenen Schildkröten. Während ich die Figur in Ton formte, hatte ich große Schwierigkeiten mit der Stabilität des langgestreckten, dünnen Halses, jedoch auch mit den Beinen. Bei dem Gedanken an die bevorstehende Steinbearbeitung und die Materialschwierigkeiten, begann ich die geplante Figur abzuändern und zwar in eine ‚verängstigte' Schildkröte, die sämtliche Glieder in den Panzer eingezogen hat." Zum Ende des Berichts formulierte sie: „Die Haupterfahrung, die ich gemacht habe und was mich während der Arbeit am meisten begeisterte, war, daß man ein Tier, welches man darstellen will, ganz genau beobachten muß. Ich habe gelernt, daß man etwas, was man zu kennen glaubt, eben doch nicht genau kennt und deswegen intensiv über einen längeren Zeitraum hin beobachten muß."

Der gestalterische Vorgang zwang die Schülerin hier zur intensiven Auseinandersetzung mit dem Naturgegenstand, und erst durch genaue Beobachtung wurde die Realität bewußt erlebt und damit die Sachkenntnis vertieft. Die Wahrnehmung war mehr optisch und weniger haptisch orientiert. Im künstlerischen Prozeß erfuhr die Schülerin die Notwendigkeit von der Realität zu abstrahieren, ohne sie dabei jedoch aus dem Auge zu verlieren.

Identifikation mit ästhetischen Objekten:
Ein Prozeß der Identitätssuche
Betrachtet man die beiden verschiedenen Arbeitsvorgänge, so ist der Prozeß der Realitätserfahrung und der Entwicklung von Problematisierungsbereitschaft bei Annegret intensiver und somit auch fruchtbarer vor sich gegangen als bei Birgit. Da jedoch bei beiden Schülerinnen der Arbeitsprozeß Befriedigung hinsichtlich ihrer Ansprüche erbracht hatte, war bei beiden eine starke emotionale Zuwendung zu ihren Skulpturen zu beobachten.[36]

Würden die beiden Arbeiten jedoch nur vom Endergebnis her betrachtet, ließe sich wohl kaum eine Wertung vornehmen, denn die bisherigen Reaktionen wiesen darauf hin, daß diese Gestaltungen als gleichwertige Interpretationen zum Thema verstanden wurden und auf diese Weise sehr wohl unterschiedliche Bereiche im Menschen anzusprechen vermögen.

Die emotionale Zuwendung, die der Schüler während des künstlerischen Prozesses zu seiner Arbeit entwickelt, veranlaßt eine verstärkte Verankerung seiner Erfahrungen in seinem Verhalten und in seinem Bewußtsein. Das sich dabei steigernde Selbstwertgefühl könnte seine Bereitschaft fördern, sich, ähnlich wie in dem künstlerischen Prozeß, selbststeuernd in weiteren Lebensbereichen zu verhalten.

Reflexion eines ästhetischen Prozesses: Einblick in die Interdependenz von Idee und Material
Anhand der zur Verfügung stehenden Arbeiten und des vorliegenden Arbeitsmaterials entwickelten wir nun gemeinsam Gesichtspunkte, die während der Entwurfsskizzen schon einbezogen werden sollten. Die anschließende Ausführung in Ton war ein Hilfsmittel, um plastische Probleme besser erkennen zu können und die Arbeit am Stein zu erleichtern. Der Begriff „Kernplastik" wurde erklärt, da er für diesen Arbeitsprozeß bestimmend war.

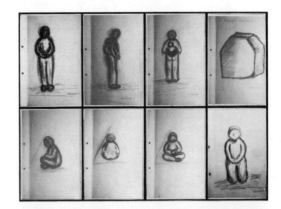

Folgende Aspekte sollten bei der Arbeit berücksichtigt werden:

1. Ausgehen von der Naturform;
2. Genaue Beobachtung der Syntax;
3. Betonung der charakteristischen Merkmale durch Übertreibung oder Abweichung;
4. Reflexion der Abweichungen von der Realität, um den eigenen künstlerischen Prozeß als Auseinandersetzung mit der Realität zu erleben;
5. Vereinfachung von Gesamtform und Details zugunsten des Ausdrucks und der Steinbeschaffenheit;
6. Beachtung der Geschlossenheit der Form zur Vermeidung von Durchbrüchen;
7. Allseitige Bearbeitung des Steins unter Berücksichtigung von Positiv- und Negativ-Formen;
8. Einbeziehung der Wirkung von Licht und Schatten auf der polierten oder strukturierten Oberfläche.

Anhand dieser Aspekte geben die Beobachtungen des eigenen künstlerischen Prozesses von Christina Einblick in einen scheinbar individuellen Vorgang. Jedoch lassen sich daraus durchaus Verallgemeinerungen ziehen, die für die Steuerung ästhetischer Prozesse typisch sind. „Ich hatte mir vorgenommen, eine stehende Figur zu machen. Wegen der Schwierigkeiten mit dem Material sollte meine Figur eine kompakte Form, ohne Durchbrüche und zu starke Vertiefungen bekommen. Es sollte eine Mutter mit ihrem Kind auf dem Rücken sein. Die enge Verbindung von beiden sollte durch die Gestaltung zum Ausdruck kommen. Als ich jedoch meinen Stein bekam, war er mehr würfelähnlich, deshalb erschien es mir günstiger, eine Sitzende zu machen. In mehreren Zeichnungen versuchte ich, das Typische oder besser für mich Typische einer Sitzenden herauszuarbeiten – weiche, fließende Formen, die Ruhe ausstrahlen und diesen Eindruck durch formale Vereinfachungen verstärken. Die Arbeit am Ton war nicht schwierig. Als die Figur fertig war, stellte ich fest, daß der Stein kleiner war. Trotzdem konnte ich gut weiterarbeiten, weil die räumliche Vorstellung nun da war. Ein weiteres Problem waren die Eisensplitter im Stein, die mich zwangen, mehr Material abzutragen als ich ge-

plant hatte. Durch Gespräche mit meinen Mitschülern wurde mir klar, daß dennoch die Figur bei aller Reduzierung und Vereinfachung ihre Beziehung zur Realität behielt und meine Vorstellungen von Ruhe und Sitzen vermittelte."
Verallgemeinern lassen sich vor allem folgende Beobachtungen: Einmal ist der Ausgangspunkt die Idee, deren Realisierung im passenden Material gesucht wird, das andere Mal wird von der Form des Steins her eine Vorstellung entwickelt. Beide Wege sind sicherlich nicht immer in ihrer reinen Form vertreten, sondern verschmelzen oder ergänzen sich während des Arbeitsprozesses.

Prozeßorientiertes ästhetisches Verhalten als Auslöser für die Entwicklung von Alternativen
Vor, während und nach der Steinbearbeitung erlebten die Schüler die Fähigkeit, alternierende Entwürfe zu konzipieren und diese differenzierend umzugestalten. So entstanden Ideen- und Formkonzeptionen, die nur aus dem Prozeß her-

aus denkbar und machbar waren. Das für die Schüler neue Erlebnis sensibilisierte sie für ästhetische Denkvorgänge, die sich spielerisch entfalten während der Entwicklung von „Schmierskizzen". Die dabei gewonnene Erkenntnis bezog sich darauf, daß nicht nur ein Entwurf optimal sein mußte, sondern gleichwertige Ideen sich ausformten, wenn dem Entwicklungsprozeß Zeit und Raum und Konzentration zugebilligt wurde.

Über den bewußten ästhetischen Prozeß kann der Schüler lernen, sich nicht nur an einem Weg und an einer Möglichkeit zu orientieren, sondern sich antizipierend in bezug auf mehrere Wege zu verhalten.

Um zu einer kreativen Kompetenz zu gelangen, ist eine der Voraussetzungen, die dazu notwendige Sensibilisierung nicht „an sich" voranzutreiben.

Ästhetische Praxis und Interaktion: Einstieg in Selbstwahrnehmung und Fremdwahrnehmung
Der notwendige Vorgang der Sensibilisierung findet nicht „an sich" statt, wenn der Schüler lernt, in Kommunikation mit der Gruppe seine Wahrnehmung über die eigene oder fremde Arbeit in Gesprächen zu reflektieren, um dabei herauszufinden, ob seine Mitteilung von den anderen die gewünschte Interpretation erfährt. Die Interaktion während des Arbeitsprozesses mit den anderen Schülern wird damit zu einer ständigen verbalen und nonverbalen Auseinandersetzung, die ihre Wahrnehmung und Haltung in bezug auf den ästhetischen Prozeß mitsteuert.[37]

Erst durch die eigene ästhetische Praxis und durch die Reaktionen anderer auf seine Arbeit erfährt der Schüler, daß seine Gestaltung eine formal verschlüsselte Mitteilung enthält, die er durch Zeichensetzung verständlich machen kann. Nur auf diesem Wege lernt er den Zusammenhang zwischen Gestaltung und Aussage zu durchschauen, zu entschlüsseln, zu hinterfragen und sich selbst in Beziehung dazu zu setzen.

Hier wird die ästhetische Praxis zum Übungsfeld für nonverbale Kommunikation und Interaktion und damit für die Gestaltung menschlicher und zwischenmenschlicher Befindlichkeit, die den Lernenden in die Lage zu versetzen vermögen, Verhaltensnormen zu erkennen und sie kritisch reflektierend zu verändern.

Über die Veräußerlichung von Denkstrukturen anhand und mit Hilfe von Formen gewinnt der Lernende ein Gegenüber, zu dem er in einen Dialog treten kann, in dem er sich als soziales Wesen spiegeln und erkennen lernt.

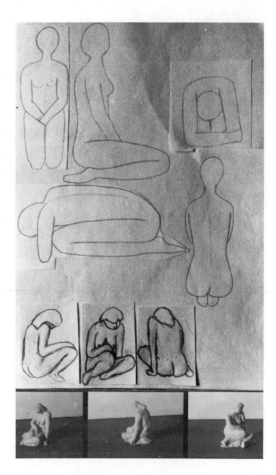

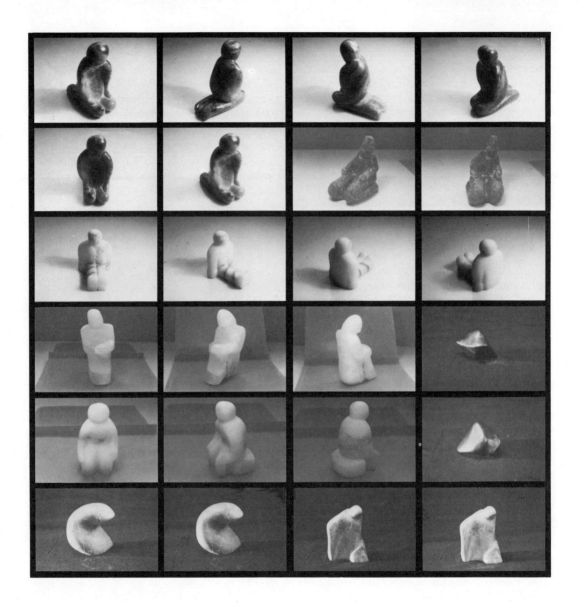

Über die Veräußerlichung von ästhetischen Denkstrukturen und ihrer Reflexion erfährt der Schüler, daß Gestaltung nicht beliebig, sondern gesellschaftlich bedingte Ausdrucksform ist, die in ihrer historischen Bedingtheit wesentliche Einblicke in menschliches Verhalten geben kann. [38]

Der künstlerische Prozeß als Spiegel gesellschaftlicher Probleme
Im Verlauf unseres Arbeitsprozesses besuchten wir die Düsseldorfer Bildhauerin und Malerin Hannelore Köhler.[39] Sie ist eine der ganz wenigen Künstlerinnen, die im Düsseldorfer Raum nicht nur in Porphyr, Diabas und Marmor arbeitet, sondern auch in ,,unseren" Arbeitsmaterialien, Speckstein und Alabaster. Am Beispiel dieses Atelierbesuchs bekamen die Schüler nicht nur die Möglichkeit, ihre eigenen Objekte mit Arbeiten der gegenwärtigen Kunstszene zu vergleichen, sondern auch ähnliche Arbeitsvorgänge von der Ideenskizze über die Bearbeitung des Materials bis zum fertigen ästhetischen Objekt kennenzulernen und aufkommende Fragen mit der Künstlerin zu erörtern.[40]

Themenschwerpunkt ihrer Arbeit ist der Mensch in ruhender Haltung. Der deutliche Bezug zur Realität bei aller Abstraktion im Zusammenhang mit den Arbeitsmaterialien ließ diesen Kontakt für uns äußerst wichtig werden. Der direkte Umgang mit den ästhetischen Objekten, die unmittelbare, körpernahe und emotionale Wahrnehmung ist die einzige Möglichkeit, genormte Verhaltensmuster in der Rezeption von Kunst als gesellschaftlich gesteuert und verordnet zu erleben und sich bewußt, über die eigene Aktivität beim Umgang mit Kunst, in die Wahrnehmungssituation hineinzubegeben.

Die Speckstein- und Alabaster-Skulpturen von H. Köhler sind oft nur handgroß. Sie veranschaulichen eine Syntax, die entsprechend den Eskimoskulpturen das Material ,,Stein" berücksichtigen. Die Schönheit des Materials, das durch die

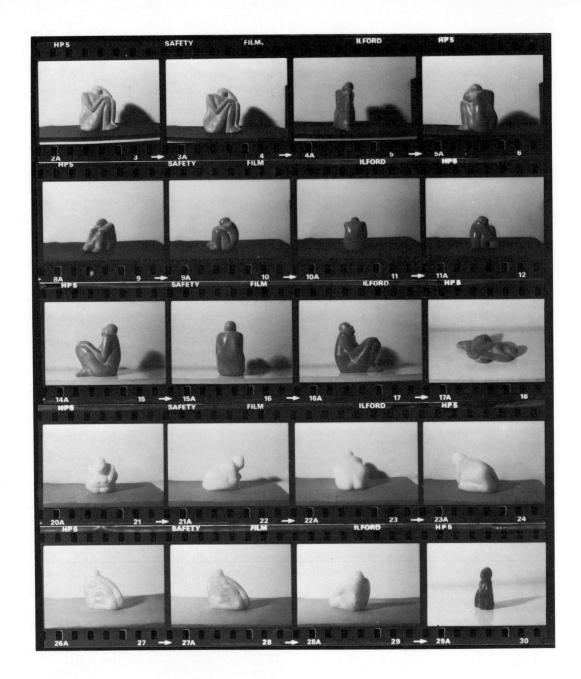

erreichte Glätte der Oberfläche voll zum Ausdruck kommt, überträgt die Sinnlichkeit des Materials auf den Eindruck des menschlichen Körpers, der durch den ästhetischen Schein hervorgerufen wird. Licht und Schatten, die sich an der teilweise reliefartig bearbeiteten Oberfläche bilden, erhöhen den Eindruck von Plastizität und Fleischlichkeit. Die Formensprache der Körper verweist darauf, daß häufige Aktstudien den plastischen Arbeiten vorausgegangen sind.

Durchbrechen des Berührungstabus:
Ein Schritt zur aktiven Wahrnehmung
Die geschliffene Oberfläche der Kleinplastiken reizte die Schüler zum Anfassen, doch war die Scheu sehr groß, die Objekte zu berühren, da sie rasch aus der Hand gleiten konnten. Bei leisen Berührungen mit den Fingerkuppen wurden wir durch den weichen Eindruck des glatten Materials an warme, menschliche Haut erinnert. Die Schüler assoziierten hierzu die „Handschmeichler", die häufig nur Alibifunktion in unserer entsinnlichten Umwelt haben. Als die Gruppe sich untereinander an besonders haptisch wirkenden Materialien wie Haaren und weichen Strickwaren berührte, wurde dies mit etwas verlegenem Lachen kommentiert und als mutiges Verhalten betrachtet. Das Defizit an haptischen lustvollen Erlebnissen wurde zwar erkannt, hier jedoch nur an gesellschaftlich erlaubten Gegenständen ausgelebt, wie an den eigenen Skulpturen im Unterricht. Dies war schon während der Arbeit in der Schule zu beobachten.

In anschließenden Gesprächen wurde allen bewußt, daß die Befriedigung der Bedürfnisse nach Haut- und Körperkontakten gesellschaftlich tabuisiert, in die Privatsphäre verdrängt und so der Reflexion entzogen wird. Erst dadurch wird das haptische Bedürfnis in der Werbung verwertbar.

Körpersprache als Syntax einer Skulptur:
Anlaß für eine ideologiekritische Betrachtung der Alltagspraxis
Beim Betasten einer großen Skulptur, der „Sitzenden", überwanden die Schüler ihre anerzogene Scheu, ästhetische Objekte mit den Händen zu berühren, „tastend zu sehen". Sie erlebten lustbetontes „Begreifen der Realität". Die Figur wirkte in sich geschlossen und ruhig. Sie strahlte in ihrer voluminösen Form Heiterkeit und (Be-)Sinnlichkeit aus. Im Umgang mit dieser Skulptur, die allein schon aufgrund ihrer Größe (M 1:1) aufforderte, sich mit ihr zu „befassen", mit ihr zu kommunizieren, verhielten sich die Schüler offen. Sie gingen um sie herum, nahmen Maß ab, beobachteten die Interpretation der Anatomie und verglichen auch die Entwurfsskizzen mit der ausgeführten Arbeit.

Anhand dieser Skizzen, die sich nicht nur auf ausgeführte Arbeiten bezogen, sondern während des künstlerischen Prozesses als Antizipationen für weitere Arbeiten entstanden waren, sahen die Schüler, parallel zu ihren eigenen Erfahrungen, daß bis zur Realisierung einer Idee immer wieder neue bildnerische Entscheidungen hinsichtlich von zeichnerischen Entwürfen und auch am plastischen Objekt selbst getroffen werden müssen.

Bei diesem Zugriff erlebten die Schüler, was Goethe meinte mit: „Sehen mit fühlendem Aug und Fühlen mit sehender Hand."[41] Er drückte auch die Problematik treffend aus, wenn er sagte: „Bin ich auch halb so gelehrt, so bin ich doch doppelt beglückt."

An ihren eigenen Arbeiten hatten die Schüler schon gelernt, durch bewußte Gestaltung menschliche Befindlichkeit auszudrücken, und so waren sie jetzt in der Lage, die gleiche Problematik an einem weiteren Beispiel zu untersuchen.
Die Körpersprache wurde also als besinnlich, gelassen und unaufdringlich in ihrer geschlechtsspezifischen Aussage bezeichnet. Der formale Aufbau beruhte auf der Symmetrie, die ebenfalls

 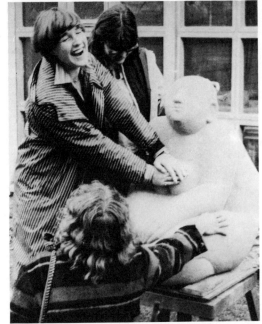

Ruhe und Ausgeglichenheit vermittelte. Dem entsprach die Vereinfachung der Gesamtform. Die gelöste Körperhaltung strahlte auch Ruhe aus. Sie erinnerte an die hockende Sitzhaltung anderer Kulturvölker und erweiterte somit die Assozitionsbereitschaft. Die Mimik als Teil der Körpersprache zeigte Kommunikationsbereitschaft und positive Lebenseinstellung.

Obwohl die Gruppe bereits beim ersten Eindruck die Figur als gelungen empfand und sich von der Gestalt(ung) ,,berührt" zeigte, konnte sie sich trotzdem mit dieser Interpretation einer Frau nicht identifizieren. Geprägt von den Schönheitsnormen der Massenmedien, empfanden die Schüler dennoch gefühlsmäßig eine Beziehung zur ,,Sitzenden", ohne noch bisher deren Ausstrahlung reflektiert zu haben. Gemessen an dem verordneten Bild der weiblichen Rolle und dem dazugehörigen Aussehen, schien sich die ,,Sitzende" auf den ersten Blick nicht als Leitbild anzubieten, sondern vermittelte geradezu einen Gegenpol zu der vermarkteten Sexualität der Frau und ihrer verordneten Körpersprache. Die Figur zeigte eine Weiblichkeit, weitab von jedem Modeklischee, und signalisierte eine Existenz, die sich nicht einer gesellschaftlich unreflektierten verordneten Rolle unterwirft.

Anhand ästhetischer Objekte aus der bildenden Kunst wird es dem Schüler ermöglicht, gesellschaftlich verordnete Seh- und Verhaltensweisen auf seinen Alltag zu beziehen und zu reflektieren und mit Hilfe der bildenden Kunst als historisch wahrzunehmen.

Wegen der gesellschaftlich nicht verordneten Körpersprache wurde den Betrachtern der Zugang zu dieser Figur, auch über ihre Weiblichkeit hinaus, erleichtert, und auf diese Weise die Identifikationsmöglichkeit mit dem Menschen vergrößert. Am Beispiel dieser Frau ging es hier um eine Interpretation des Menschen überhaupt. Unsere Überlegungen, ob diese Darstellung ein typisches Verhalten des Menschen in unserer Kultur zeigte,

oder eher den Wunsch nach Ruhe und Besinnlichkeit ausdrückte, führte uns zu der Frage, aufgrund welcher Aspekte das alltägliche Verhalten des Menschen diese Interpretation als eine Antizipation des Menschen erscheinen ließ.
Die Schüler wurden angeregt, ihren Lebensalltag zu hinterfragen und mit ihren Wunschbildern zu vergleichen.[42] Die realistische Ausgangslage dieser Skulptur wies damit über sich selbst hinaus und eröffnete Ausblicke auf Primärbedürfnisse des Menschen, die er nicht verwirklichen kann, solange sie ihm nicht bewußt werden.
Diese dialektische Beziehung zwischen Alltag und ästhetischem Objekt herzustellen war eine wesentliche Aufgabe unserer Kunstbetrachtung. Die Einbeziehung der Motivation des Künstlers, sich zu veräußerlichen, ist eine Möglichkeit, für individuell gehaltene Probleme als gesellschaftlich bedingt zu erkennen. Diese Veräußerlichungen spiegeln möglicherweise Vorstellungen von einer humaneren Umwelt bzw. Welt. Unter dem Aspekt hat der künstlerische Prozeß auch den Effekt, angestaute Aggressionen und Depressionen zu kanalisieren und zu einer zeitweisen Beruhigung im emotionalen Bereich zu führen. Die ästhetische Aktion gewinnt somit einen therapeutischen Aspekt, wobei die Veräußerlichung hilft, den als veränderungsbedürftig empfundenen oder erkannten Alltag ertragen zu können.
Ästhetische Lernprozesse sollen die Schüler über ihre eigene Praxis die Vieldeutigkeit ästhetischer Objekte in ihrer Verflechtung mit der Alltagsrealität erleben und bewußt werden lassen.
An dieser „Sitzenden" wurden Körpersprache und Körperlichkeit zum Auslöser für ideologiekritische Betrachtung des Alltags mit seinen fixierten, gesellschaftlich genormten Erwartungshaltungen an die Menschen. Die spontane emotionale Zuwendung, die die „Sitzende" seitens vieler Betrachter erhielt, zeigte, daß das Bedürfnis nach diesem durch Körpersprache vermittelten Sein unseren Alltag charakterisiert.

Anmerkungen

1. Vgl. dazu Westphal, a.a.O., S. 138.

2. Vgl. dazu Bönsch/Schittko, a.a.O., S. 32–37.

3. Ausgangspunkt ist die Robinsohnsche These, daß zum Bildungsprozeß der Erwerb von Qualifikationen (Verhaltensdispositionen) für die heutigen „Lebenssituationen" erwartet werden. Vgl. Robinsohn, a.a.O., S. 45. Lernziele und Inhalte sollten mehr sein als „bloßes Reproduktionsinstrument der bestehenden Gesellschaft", das in die Gesellschaft einüben und gegen sie immunisieren soll. Vgl Mitscherlich, a.a.O., S. 33.

4. Vgl. Richter, a.a.O., S. 44, und Gerd Wörner, Aktionsorientierte Arbeitsformen in der ästhetischen Erziehung, in: Richter, a.a.O., S. 94 ff.

5. Vgl. damit die Bedeutung kutaner Stimulation und der ersten Tasterlebnisse des Säuglings im Mutterleib und an der Mutterbrust, deren sinnlicher Lustgewinn ihn motiviert, seine Umwelt durch weitere Tastversuche zu erforschen.

6. Vgl. dazu Pazzini, Gegenständliche und symbolische Aneignungsprozesse, in: Hartwig, Sehen lernen, S. 59: „Ich habe in der Boutique sehr schöne Pullover gesehen, sagt jemand. Man hat aber den Pullover gesehen, während man auf einem weichen Teppichflor stand und eine samtene Stimme aus dem Lautsprecher kam. Alles paßte zusammen. Synästhesie."

7. Vgl. dazu Hartwig, Sehen lernen, S. 104. Hartwig vermerkt, daß die „gegenständliche Beschränktheit der Realsituation Schule und Unterricht" zum „Reduktionismus beim Zeichnen" führt. Er plädiert deshalb auf das Einbeziehen von Bildern in den Unterricht, um mehr Realität in den engen Rahmen der Schule zu holen. Dazu läßt sich noch hinzufügen, daß Lehrer und Schüler von sich aus mehr Objekte in die Schule hineinbringen sollten, um den sterilen Arbeitsrahmen zu erweitern, und die Themenbereiche an die Interessen der Schüler anzuknüpfen und den emotionalen Bezug der Schüler zu sichern, der sonst nur sehr schwer herzustellen ist. Vgl. dazu Pilz, a.a.O., S. 20 ff.
Es darf hier auch daran erinnert werden, wie häufig Kinder dieses Alters zu Hause noch Kuscheltiere beim Einschlafen benutzen.

8. Hier liegen viele didaktische Ansätze für weitere Arbeiten: der Problemkreis Realität – verfremdeter Gegenstand – Imitation – Transformation; Trompe l'oeil – Fotografie – Fotorealismus – sozialistischer Realismus; Bewußtmachen von Sinnzusammenhängen in der Rea-

lität – ihre Umsetzung in Gestaltung; Erlebnisfähigkeit von Sinnlichkeit und Lust an dem Naturobjekt, am Kunstobjekt – Lust als Motor; die Problematik der Materialien – ihre Verwendung am ästhetischen Objekt – Material als Selbstzweck, Material als Ideenträger; der schöne Schein und seine Verwertungsmöglichkeiten. Hinweise dazu ergeben sich aus dem ersten Teil des Buches. Vgl. auch dazu Hoffmann-Axthelm, Theorie der künstlerischen Arbeit, S.103 ff.

9. Vgl. Junker, a.a.O., S.10. Junker weist darauf hin, daß die emanzipatorische Funktion der ästhetischen Praxis in der Artikulation sinnlicher und begreifender Erkenntnis liegt. Weil das „ästhetische Realisat" gesellschaftliche Erfahrungen vermittelt, ist es außerdem ein wichtiges Kommunikationsmedium. Die Art und Weise, wie Reaktionen auf das „ästhetische Realisat" erreicht werden, ist abhängig von der Formsprache (vgl. Hugo Fischer), die eine Verknüpfung von Sinnlichkeit, Emotionalität und Intellekt aufweisen sollte.

10. Vgl. Junker, a.a.O., S.14. Die Erweiterung der bildnerischen Mittel „auf konkrete Objekte als symbolische Elemente" kann zur Erweiterung der Erkenntnis- und Kommunikationsfunktion führen.

11. Mayrhofen/Zacharias, Ästhetische Erziehung, S.58.

12. A.a.O., S.152. Das Rollenspiel dient dazu, Ambiguitätsprobleme im Rollenverhalten aufzudecken, herauszustellen und damit der Reflexion zu öffnen. „Integrative Inkompetenz bezeichnet einen Zustand des Individuums, der es ihm unmöglich macht, sich aufgrund selbstbestimmter und autonomer Leistungen und Erkenntnisse gegenüber seiner Umwelt so verhalten zu können, der es zwingt, sich der Normen und Regeln, die es gelernt hat, zu bedienen, um sich in den schwer durchschaubaren und komplexen Verhältnissen der Gesellschaft zurechtzufinden. Hieraus resultiert jene Ich-Schwäche, die dadurch gekennzeichnet ist, daß der einzelne erst dann sich sicher fühlt, wenn er auf stereotype Verhaltensweisen zurückgreifen kann und entsprechend seinen Vorschriften und seiner Rollennorm handelt."

13. Vgl. dazu Mayrhofer/Zacharias, Aktion Spielbus, S.48 ff.

14. Vgl. Marcuse, Der eindimensionale Mensch, S. 29 ff. Marcuse verweist auf den „rationalen Charakter der Irrationalität". Das läßt sich auch auf das Werben mit Zahlen übertragen. Hinter der scheinbaren Sachlichkeit von Zahlen verbirgt sich die Intention des Herstellers, den Konsumenten zu beeindrucken und einzuschüchtern.

15. Vgl. dazu Haug, Warenästhetik, Beiträge zur Diskussion, Weiterentwicklung und Vermittlung ihrer Kritik, S.314 ff.

16. Vgl. die Ausführungen zu Fröbel, S. 31.

17. Simultaneität der Sinnesempfindungen. Vgl. dazu S. 56.

18. Vgl. hierzu Stadler/Seeger, a.a.O., S.23: „In den optischen und taktilen Sinnesqualitäten werden weitgehend dieselben Eigenschaften der Gegenstände widergespiegelt, wobei das optische Bild vor allem durch die Angabe des Tastsinnes bestimmt wird. Das zeigt den engen Zusammenhang der Wahrnehmung mit dem Handeln, insbesondere mit der Arbeitstätigkeit."

19. Vgl. hierzu H. Hartmann, Diamanten sind Geschenke der Liebe, in: Möller, Werkstatt Kunstpädagogik. Übungen zur Bildbetrachtung, S.170. Hartmann führt in ihrer Analyse die Bedeutung von Farbe und Licht an, die so eingesetzt sind, daß die Objekte auf dem Bild plastisch erscheinen und dadurch „zum Anfassen auffordern", und vergleicht sie mit niederländischen Stilleben. Sie bezieht so diese Art von sinnlichem Reiz jedoch wieder auf die hier nicht hinterfragte Funktion dieser Malerei, also wiederum der Kunst, ohne dabei das Primärbedürfnis des Menschen, Umwelterfahrung und Genuß über die sinnliche Aneignung von Materialien – in diesem Fall über die haptifizierte optische Wahrnehmung – zu reflektieren. Hartmanns Folgerung bleibt somit kunstimmanent und reflektiert nicht die primäre Realität.
Vgl. Hecht u.a., Wir haben gebohrt, Nürnberg.

20. Es gilt jedoch, ständig die Problematik eines narzißhaften Hedonismus zu reflektieren und selbstgenügsame, nur bildimmanente Gestaltung zu vermeiden. In seiner Auseinandersetzung mit dem Material und seiner Bedeutung innerhalb des künstlerischen Prozesses in der Gesellschaft bezeichnet Hoffmann-Axthelm das Material als Vehikel, wobei die „forcierte Konkretion des Materials" die „notwendige Entsprechung des abstrakten Herstellens und Genießens" ist. „Das abstrakte Machen, weil es nicht wirklich eingreift, braucht die fertigen Materialien – nicht um sich durch diese ersetzen zu lassen, sondern um an ihnen anschaulich zu werden." Hoffmann-Axthelm weist auf die Austauschbarkeit der Materialien hin, wenn bei der ästhetischen Organisation die Sinnlichkeit des Objekts leglich ein isoliertes Genießen hervorrufen soll, das, losgelöst aus jeglichem gesellschaftlichen Zusammenhang, letztlich unanschaulich und folgenlos bleibt. Vgl. Hoffmann-Axthelm, Theorie der künstlerischen Arbeit, S.103 ff.

21. Vgl. Hoffmann-Axthelm, a.a.O.

22. Eine weitere Möglichkeit wäre, Stillebendarstellungen unterschiedlicher Epochen unter dem Aspekt der Funktion der imitativen Darstellung zu analysieren.

23. Hoffmann-Axthelm fordert im Hinblick auf die verlorengegangene Dinglichkeit des Materials – das als „Vorstellungsmaterie" ausgebeutet wird, ohne in seiner Substanz gesellschaftlich durchsichtig gemacht worden zu sein – eine Rückführung der Vorstellungen zur „Bewußtheit, Sinnlichkeit, Erregbarkeit". Das Material sollte nicht mehr nur als beliebig austauschbares Element benutzt werden, frei verfügbar für Ideologien jeder Art, sondern in gesellschaftliche Zusammenhänge eingebunden werden. Die Rückführung des Materials auf seinen Rohstoffcharakter gewinnt heute in der Auseinandersetzung mit der Natur an Bedeutung. In seinen historischen Zusammenhang gestellt, ermöglicht die Diskussion des Materials einen neuen Ansatz zur gesellschaftlichen Sehweise der Wirklichkeit im künstlerischen Prozeß. Vgl. dazu Hoffmann-Axthelm, a.a.O., S. 104.

24. Vgl. das Kapitel: Berührungskontakte und Berührungstabus.

25. Vgl. das Kapitel: Probleme der Rezeption haptischer Kunst im Unterricht.

26. Wir können davon ausgehen, „daß die Diskriminationsfähigkeit des Tastsinns nach wesentlichen Einzelmerkmalen (Formen) gegenüber dem Sehen abfällt, wenn auch Praktikabilität gesichert ist. Gleichrangig ist dagegen das Erkennen von Oberflächenstrukturen anzusehen. Flächigkeit erschließt sich ebenso sicher durch Tasten wie durch Sehen, wenn dabei auch völlig unaustauschbare Merkmale eingesetzt werden (Farbe, Strukturen)". Hugo Schauerte, Didaktik des Biologieunterrichtes an Blinden- und Sehbehindertenschulen, S. 4.

27. Auch bei nur punktueller Reizaufnahme entsteht ein lückenloser Eindruck der Fläche (Katz), doch sind nicht wie beim Sehen gleichzeitig die Grenzen erkennbar. Die fehlende Übersicht muß sukzessiv erfaßt werden.

28. „In Japan wurden Versuche mit abtastbaren Bilderbüchern gemacht, die die Verschiedenheit des Materials (etwa Textilien, Metalle, Holzarten usw.) zur Darstellung und Kennzeichnung von Personen und Gegenständen benutzten. In den USA werden für das blinde Kind normale Bilderbücher nachgeahmt, indem man die Bilddarstellungen des Schwarzdrucks durch geeignete taktil erfaßbare Gegenstände (z.B. Kunstblumen usw.) ersetzt. Ihr Wert ist umstritten und wird im allgemeinen von Pädagogen skeptisch beurteilt." Aus dem Lexikonbeitrag „Bilderbuch" der Deutschen Blindenstudienanstalt Marburg. Lexikon der Kinder- und Jugendliteratur Bd. I, Beltz Verlag, Weinheim/Basel 1975.
Aus Montevideo, Uruguay, ist ein Bilderbuch bekannt, in dem Umrisse von Gegenständen aus Braille-Punkten mit echten Gegenständen kombiniert werden (z.B. Schuh mit echten Schnürriemen).
In Deutschland erschien erst 1977 das erste Kinderbilderbuch mit tastbaren Bildern (Helga Nellessen, Die kleine Wolke Clementine. Deutscher Blindenverband (Hrsg.), Bonn-Bad Godesberg 1977). Hier wurden etwa 3 mm hohe Reliefs von einfachen Bildzeichen auf 34 cm × 27 cm großen glatten Seiten aus Plastikfolien im Nylonprint-Verfahren vervielfältigt. Inzwischen wurden vom Deutschen Blindenverband weitere Bilderbücher ähnlicher Art herausgegeben.
Auf der 13. Kinderbuchmesse in Bologna (Italien) wurde im April 1976 zum ersten Mal einer breiteren Öffentlichkeit ein Bilderbuch für Blinde vorgestellt. Leo Lionnis bekanntes Buch „Das kleine Blau und das kleine Gelb" wurde in erhabener Form in Dänemark, in eingeschnittener Form von einem Norweger umgesetzt.
Neben den genannten Bilderbüchern existiert in den Blindenschulen zahlreiches didaktisches Material abbildender Art (Grund- und Aufrisse, Blattformen usw.).

29. Das Problem wurde besonders in den zwanziger und dreißiger Jahren ausführlich untersucht. Révész kommt 1938 in seinem grundlegenden Werk „Die Formenwelt des Tastsinnes" zu dem Ergebnis, daß der Gesichtssinn „zum ästhetischen Genuß von Kunstwerken unentbehrlich und beim Schaffen neuer Formen, ferner bei Auffindung neuer Gestaltprinzipien und bei künstlerischer Darstellung von Individualitäten und seelischen Zuständen unersetzlich ist" (a.a.O., S. 280). Steinberg bejaht allerdings ein – begrenztes – ästhetisches Erlebnis bei Blindgeborenen und spricht von „wenig modifizierten ästhetischen Elementargefühlen" (Steinberg, Die Raumwahrnehmung der Blinden, 1920). Im 1969 herausgegebenen Enzyklopädischen Handbuch der Sonderpädagogik stellt H. Schauerte zu diesem Thema lapidar fest: „Die bildende Kunst bleibt dem blinden Menschen verschlossen. Das Bild ist völlig auf optische Erfahrung angewiesen" (a.a.O., S. 2233). Auch der erfahrene Blindenschullehrer Theodor Düren resümiert 1968: „Das Verständnis eines Bildes setzt optische Anschauungen voraus" (a.a.O., S. 46).
Es ist daher nicht verwunderlich, daß auch im Lehrplan der Blindenschulen bildnerisch-ästhetische Erziehung so gut wie nicht stattfindet.

30. Dies ist nur bei sehr einfachen, klaren Formen der Fall, so daß die Darstellungsmöglichkeiten stark eingeschränkt werden.

31. Auf das Problem der Kursarbeiten soll hier nur am Rande hingewiesen werden. Da sie innerhalb des Kurses nur punktuell Gewicht erhalten, seien hier kurz die Themen genannt.
Die erste Arbeit war eine Anzeigenanalyse mit dem Schwerpunkt der Körpersprache. Die zweite Arbeit hatte zum Thema, zeichnerische Ideen für eine Specksteinplastik zu entwickeln. Die Bedingung hierbei war, eine Figur in unterschiedlichen Haltungen zu entwickeln und, wegen der Sprödigkeit des Steins, in dem die Figur realisiert werden sollte, Durchbrüche zu vermeiden.

32. Lernprozesse werden erst in dem Augenblick für den Schüler emotional relevant und damit auch motivierend, wenn die „Alltäglichkeit" der Schülerpersönlichkeit aus der scheinbaren Banalität im schulischen Rahmen in den Brennpunkt von Erörterungen gestellt und reflektiert wird, und alternative Seh- und Verhaltensweisen mit den Schülern konzipiert werden. Vgl. dazu Hartwig, Ästhetische Praxis als Gegenstand von Erinnerung und Theorie, in: Ästhetik und Kommunikation 30/1977, S. 29 ff.

33. Vgl. Hartwig, Sehen lernen, Köln 1976, S. 109. Hartwig weist auf die Bedeutung des Abzeichnens gerade von Personen hin, da auf diese Weise Körpersprache über die Aktion des Abzeichnens eher bewußt wird.
Jedoch läßt die Verinnerlichung der verordneten Körpersprache kaum eine Distanz zum Medium und der Darstellung der primären Realität zu, da sie sich in ihrem selbstverständlichen Ablauf dem Bewußtsein entzieht. Vgl. dazu Marianne Wex, Die Sprache unserer Körper, a.a.O., S. 38–43, Alice Schwarzer (Hrsg.), Emma, Zeitschrift für Frauen 12/77, und Grüneisl/Mayrhofer/Popp/Zacharias, Visuell-Gesturale Kommunikation in der Anzeigewerbung, Nürnberg 1973.

34. Die bewußte haptisch-visuelle Wahrnehmung des Materials, seiner Beschaffenheit und Naturform hilft dem Schüler, im Laufe des ästhetischen Prozesses die Transformation des Materials in ein Objekt, das ästhetischen Schein vermittelt, in allen Phasen zu verfolgen und bei Fertigstellung des ästhetischen Objekts sich das als Naturmaterial ohne ästhetischen Schein wieder zu vergegenwärtigen. Dieser Bewußtwerdungsvorgang innerhalb eines künstlerischen Prozesses hinsichtlich des Materials als Ideenträger erleichtert dem Schüler den Zugang zur Reflexion über das eigene Tun und über fremde ästhetische Objekte, und fördert die Entwicklung von reflektierender Distanz, ohne einen Verlust der emotionalen Dimension zu verursachen.
Einblicke in die Gewinnungs-, Verwendungs- und Verwertungszusammenhänge des betreffenden Materials unter dem Aspekt der gesellschaftlichen Anerkennung und der kulturellen Bedarfsdeckung geben dem Schüler Aufschluß über die Verknüpfung von Material und Ideologie bzw. über den Stellenwert von Material als Ideologieträger. Vgl. dazu Hoffmann-Axthelm, a.a.O., S. 109 ff.

35. Eskimoskulpturen sind stark vom haptischen Sinn her gestaltet. Carpenter deutet dies als eine Reaktion auf die Einflüsse der Umwelt, gegen deren unendlichen Raum die geschlossene, haptische, kugelhafte Form gesetzt wird. Er schreibt über Eskimokünstler: „Dem Bildhauer sind die Forderungen des Auges gleichgültig, er läßt jedes Stück seinen eigenen Raum erfüllen, seine eigene Welt schaffen, ohne Beziehung zu einem Hintergrund oder ähnlichen Äußerlichkeiten. Jede Plastik lebt räumlich unabhängig, Größe und Form, Proportion und Selektion sind eine Sache des Objektes selbst, sind ihm nicht von außen aufgedrängt. Jede Plastik schafft sich den eigenen Raum, die eigene Identität; sie kennt und anerkennt keine Postulate als die eigenen." E. Carpenter/F. Varley/R. Flaherty, Eskimo: Explorations Nine.
Die haptische Form mag aber auch einfach aus der „Frühstufe" bildnerischer Gestaltung zu erklären sein, und auch als Folge einer hochentwickelten haptischen Kultur, die sich hier – da lebenswichtig – entwickelte.

36. Vgl. dazu Hoffmann-Axthelm, a.a.O., S. 112. Er weist darauf hin, daß die Bedeutung des Materials mit dem Maß des Widerstandes wächst bei der Aneignung der Natur durch den Menschen. Bezogen auf die Schulpraxis läßt sich dazu sagen, daß der Schüler durch den körperlich erlebten Widerstand bewußt in dem Material Spuren hinterläßt, die für ihn zu einem wichtigen Merkmal bei seiner Identitätssuche werden können. Die Defizite einer aus Kunststoff bestehenden Umwelt, in der keine Spuren und Zeichen hinterlassen werden können, machen die Arbeit mit Materialien im institutionellen Rahmen zum Privileg, das primäre Bedürfnisse kanalisiert und, geschieht dies unreflektiert, für notwendige Aktionen entschärft.

37. Vgl. dazu Jens Thiele, a.a.O., S. 13.

38. Vgl. dazu Peter Gorsen, a.a.O., S. 86; H. D. Junker, a.a.O., S. 361 ff.

39. Es geht hier nicht um eine kunsthistorische Einordnung. Die Möglichkeit, einen Prozeß im Hinblick auf seine Themenstellung und materialen Arbeitsbedingungen verfolgen zu können, waren ausschlaggebend.

40. Die Untersuchung künstlerischer Prozesse anhand der bildenden Kunst wird dann sinnvoll, wenn der Schü-

ler sich aufgrund eigener Erfahrungen hinsichtlich der ästhetischen Praxis umfassender selbst einbringen kann. Die traditionelle Abtrennung von Kopf und Hand ließ den ästhetischen Schein als isoliert vom Alltag erscheinen.

Vgl. dazu H. Fischer, a.a.O., S.15ff. Fischer setzt sich mit dem Problem der Alltagsrealität und der Kunstrealität auseinander. Er bezeichnet die Alltagsrealität als Primärrealität, aus der sich die Kunstrealität entwickelt, und sie erhellt, da „selbst die allvertraute Alltagswelt eines Schlüssels oder Kontaktes" bedarf. Dies vollbringt die Kunst mit ihrer syntaktischen Sprache. Das Kunstwerk selbst ist nach Fischer eine „Superrealität", da der „Komplexionsgrad der Realitätszugehörigkeiten den Umkreis der empirischen Erfahrung – mit den kunstspezifischen Merkmalen – übersteigt".

Aufgabe also der ästhetischen Erziehung muß sein, Schüler auf die Verflechtung ästhetischer Objekte mit der Primärrealität hin zu sensibilisieren und wahrnehmungsaktiv im Hinblick auf Antizipationen werden zu lassen.

41. J.W.v. Goethe, Römische Elegien V.

42. Vgl. dazu Horst Wenk, a.a.O., S.194ff. Wenk weist auf folgendes hin: „... im Problemzusammenhang von Ästhetik und Kommunikation ist die ästhetisch bedeutsame Wirklichkeit das zentrale Problem und der eigentliche Forschungsgegenstand. Die ästhetisch bedeutsame Wirklichkeit ist Prozeß und konstituiert sich in ästhetischer Kommunikation. Dabei zeigt das Geschehen der Kommunikation schlechthin seinen intersubjektiven Charakter. Aufgabe ist, diese Strukturen der Kommunikationsverhältnisse transparent und die Bedingungen und Möglichkeiten ihrer individuellen und gesellschaftlichen Regulierung für Individuum und Gruppe verfügbar zu machen ... hier erweist sich die Möglichkeit gesellschaftlicher Vermittlung ästhetischen Bewußtseins."

Literaturverzeichnis

AKADEMIE DER KÜNSTE: Welt aus Sprache. Auseinandersetzung mit Zeichen und Zeichensystemen der Gegenwart. (Akademie der Künste, Berlin 21, Hanseatenweg 10) Berlin 1972
ARNHEIM, Rudolf: Anschauliches Denken. Zur Einheit von Bild und Begriff. (DuMont) Köln 1972

BANDMANN, Günter: Der Wandel der Materialbewertung in der Kunsttheorie des 19. Jahrhunderts. In: H. Koopmann/J.A. Schmoll (Hg.), Beiträge zur Theorie der Künste im 19. Jahrhundert. (Klostermann) Frankfurt 1971
BAUMGÄRTNER, Alfred (Hg.): Aspekte der gemalten Welt. (Clemens) Weinheim 1968
BEAUVOIR, Simone de: Das andere Geschlecht. Sitte und Sexus der Frau. (Rowohlt) Reinbek bei Hamburg 1968
BECK, Klaus: Bitte anfassen zu dürfen, Plädoyer für ein Museum, das nicht bloß Augenweide ist: Kunst und Unterricht. Sonderheft 1976
BEITE, Diomira: Das Bilderleben im frühen Kindesalter: Jugendliteratur 8, 1962
BENJAMIN, Walter: Gesammelte Schriften. Frankfurt 1974
BETTELHEIM, Bruno: Der Weg aus dem Labyrinth. Leben lernen als Therapie. Stuttgart 1975
BODEMEYER, Klaus / KUTZER, Michael: Kunstunterricht Grundschule, Unterrichtsbeispiele zum Arbeitsbereich Körper/Raum. (Otto Maier) Ravensburg 1976
BÖNSCH/SCHITTKO: Begründetes Wählen: betrifft erziehung 11/1977
BOLDT, Werner: Blinde und hochgradig sehbehinderte Kinder in der physisch-technischen Welt. Untersuchungen zur pädagogischen Anthropologie und zur Didaktik. (Aloys Henn) Ratingen 1966
BOTT, Gerhard (Hg.): Erziehung zum Ungehorsam. Kinderläden berichten aus der Praxis der antiautoritären Erziehung. (März) Frankfurt 1970

BUCHHOLZ, P. / KLEIN, F. / MAYRHOFER, H. / MÜLLER-EGLOFF, P. / POPP, M. / ZACHARIAS, W.: Manyfold Paedaction. (Michael Popp, Nürnberg, Nunnenbeckstr. 30) Nürnberg 1970
BUDDENBROCK, W. v.: Die Welt der Sinne. (Springer) Berlin 1953
BUDDENBROCK, W. v.: Vergleichende Physiologie 1: Sinnesphysiologie. (Birkhäuser) Basel 1952
BÜRKLEN, Karl: Blindenpsychologie. (Barth) Leipzig 1924
BÜRKLEN, Karl: Die Hand als Tastorgan: Zeitschrift für das österreichische Blindenwesen 1928
BÜRKLEN, Karl: Raumbestimmung durch den Tastsinn: Der Blindenfreund. Jg. 53, 2/1933
BÜRKLEN, Karl: Der Tastraum: Zeitschrift für das österreichische Blindenwesen 3/4, Wien 1926
BÜRKLEN, Karl: Die Reibungserscheinungen beim Tasten: Zeitschrift für das österreichische Blindenwesen 3/4, Wien 1929
BÜRKLEN, Karl: Ein Tastsystem: Zeitschrift für das österreichische Blindenwesen 1921
BÜRKLEN, Karl: Die „Tastlehre" als Grundlage zur Weiterentwicklung des Blindenunterrichts: Zeitschrift für das österreichische Blindenwesen 7/8, Wien 1929
BÜRKLEN, Karl: Die Tastarten der Hand in ihrem Verlauf und ihrer Wirksamkeit: Zeitschrift für das österreichische Blindenwesen 1926
BÜTTNER, Friedrich August: Das Formen und Zeichnen im Blindenunterricht. Düren 1890
BUND DEUTSCHER KUNSTERZIEHER: Kind und Kunst. Eine Ausstellung zur Geschichte des Zeichen- und Kunstunterrichts. (Katalog) Berlin (West) 1977[2]

CARPENTER, E. / VARLEY, F. / FLAHERTY R.: Eskimo Explorations Nine. (University of Toronto Press) Toronto 1959
COMENIUS: Die große Didaktik. (Küpper/SVK) Düsseldorf 1970[4]

DERSHOWITZ, Netta: On tactual perception of physiognomic properties. Perc. & Motor Skills 36, 2/1974
DOWNING, George: Partner Massage. (Bertelsmann) Gütersloh 1973

EATON, Allen H.: Beauty for the sighted and the blind. New York 1959
EBERT, Wilhelm: Zur Didaktik der Werkerziehung. In: Ansätze zur Werkdidaktik seit 1945. Weinheim 1968
ERIKSON, Erik H.: Kindheit und Gesellschaft. Stuttgart 1974[4]
ERISMAN, Theodor: Die Raumwelt des Blindgeborenen: Universitas 12/1951. (Wiss. Verl. Ges.) Stuttgart 1951
EUCKER, Johannes: Der Bereich „Plastik" in der Schule: Kunst und Unterricht 38/1976

FAST, Julius: Körpersprache. (Rowohlt) Reinbek bei Hamburg 1971, 1972[5]
FISCHER, Hugo: Kunst und Realität. (Henn) Ratingen 1975
FRANK, L.: Tactile Communication. In: A Review of General Semantics 16/1958
FREIBERG, Henning / KORRE, Helmut: Thesen zur Neubestimmung der Funktion von Kunst im Unterricht: Tendenzen 108/109, Juli–Oktober 1976
FRÖBEL, Friedrich: Die Menschenerziehung. (Kamp) Bochum 1973
FROEBES, Joseph: Der Tastraum der Blinden. Allgemeines zur Blindenpsychologie. In: Lehrbuch der experimentellen Psychologie, Bd. 1. (Herder) Freiburg 1923
FROMMLET, Wolfgang / MAYRHOFER, Hans / ZACHARIAS, Wolfgang: Eltern spielen, Kinder lernen. Handbuch für Spielaktionen. (Weismann) München 1972

GELB und GOLDSTEIN: Über den Einfluß des vollständigen Verlustes des optischen Vorstellungsvermögens auf das taktile Erkennen: Zeitschrift für Psychologie, Leipzig 1919
GIBSON, James: Die Sinne und der Prozeß der Wahrnehmung. (Huber) Stuttgart 1973
GOFFMANN, E.: Interaction Ritual. (Anchor Books) Garden City, New York 1967
GORSEN, Peter: Wider den Medienoptimismus: Kunst und Unterricht. Sonderheft 1974
GOTTHELF, Fritz / VESTER, Frederic / KÜKELHAUS, Hugo / LAGNEAU, Bernard / DALISI, Riccardo / KOTTE, Wouter: Exempla. Entfaltung der Sinne. (Deutsche Verlagsanstalt) Stuttgart 1975
GRÜNEISL, Gerd: Spielen mit Gruppen. (Klett) Stuttgart 1976

GRÜNEISL, Gerd / MAYRHOFER, Hans / ZACHARIAS, Wolfgang: Spielen in der Stadt. Aktionen und Strategien. (Michael Popp, 85 Nürnberg, Nunnenbeckstr. 30) München 1972

HAASE, Hans-Joachim: Über das räumliche Tasten der Blindgeborenen: Psychologische Rundschau, Bd. III, 1/1952
HALL, E. T.: Die Sprache des Raumes. (Schwann) Düsseldorf 1976
HAMANN, Karl: Untersuchungen über das taktilmotorische Wiedererkennen komplexer Raumgestalten bei Blindgeborenen und Früherblindeten. (Dissertation) Berlin 1937
HANSEN, Wilhelm: Die Entwicklung des kindlichen Weltbildes. (Kösel) München 1965
HARTWIG, Helmut (Hg.): Sehen lernen. Kritik und Weiterarbeit am Konzept Visuelle Kommunikation. (DuMont) Köln 1976
HARTWIG, Helmut: Zur Podiumsdiskussion um „Kulturgeschichte" im „Unterricht". „Identifikation mit entfernter Praxis". In: Ästhetische Erziehung und gesellschaftliche Realität. (Otto Maier) Ravensburg 1976
HAUG, Wolfgang Fritz: Kritik der Warenästhetik. (Suhrkamp) Frankfurt a. M. 1971
HAUG, Wolfgang Fritz (Hg.): Warenästhetik. Beiträge zur Diskussion, Weiterentwicklung und Vermittlung über Kritik. (Suhrkamp) Frankfurt a. M. 1975
HEESE, Gerhard / WEGENER, Hermann (Hg.): Enzyklopädisches Handbuch der Sonderpädagogik und ihrer Grenzgebiete. Berlin 1969
HEINIG, Peter: Kunstunterricht. (Klinkhardt) Bad Heilbrunn 1969[1], 1976[2]
HELLER, Simon: Das Modellieren und Zeichnen in Blindenschulen: Der Blindenfreund, Düren 1884, 1885
HERDER, Johann Gottfried: Plastik, einige Wahrnehmungen über Form und Gestalt aus Pygmalions bildendem Traume. (Jakob Hegener) Köln 1969 (Riga 1778[1])
HERDER, Johann Gottfried: Kritische Wälder oder Betrachtungen über die Wissenschaft und Kunst des Schönen. Sämtl. Werke Bd. 4, 1878
HILDEBRAND, Adolf: Das Problem der Form in der bildenden Kunst. Straßburg 1897
HINKEL, Hermann: Wie betrachten Kinder Bilder? (Anabas Verlag) Steinbach/Gießen 1975[3]
HIPPIUS, R.: Erkennendes Tasten als Wahrnehmung und als Erkenntnisvorgang. In: Neue psycholog. Studien. Bd. 10 Heft 5, München 1934
HITSCHMANN, Friedrich: Über die Prinzipien der Blin-

denpädagogik: Pädagogisches Magazin Heft 69, Langensalza 1895

HÖLLERER, Walter: Welt aus Sprache. In: Akademie der Künste, Welt aus Sprache. Berlin 1972

HOENISCH, Nancy / NIGGEMEYER, Elisabeth / ZIMMER Jürgen: Vorschulkinder. (Klett) Stuttgart 1970

HOFFMANN-AXTHELM, Dieter: Ästhetisches Verhalten und Didaktik. In: Ästhetische Erziehung und gesellschaftliche Realität. (Otto Maier) Ravensburg 1976

HOFFMANN-AXTHELM, Dieter: Lernformen ästhetischen Verhaltens. In: Helmut Hartwig, Sehen lernen. S. 269f. Köln 1976

HOFFMANN-AXTHELM, Dieter: Theorie der künstlerischen Arbeit. Frankfurt a. M. 1974

HOFFMANN, Ludwig: Bilderbuch und Kinderzeichnung. In: Alfred Baumgärtner (Hg.), Aspekte der gemalten Welt. Weinheim 1968

HOFFMANN, Werner (Hg.): Henry Moore, Schriften und Skulpturen. (Fischer) Frankfurt a. M. 1959

HOLZKAMP, Klaus: Sinnliche Erkenntnis. Historischer Ursprung und gesellschaftliche Funktion der Wahrnehmung. (Athenäum) Frankfurt a. M. 1973

ITTEN, Johannes: Mein Vorkurs am Bauhaus. Gestaltungs- und Formenlehre. (Otto Maier) Ravensburg 1963

JUNKER, Hans-Dieter: Zur (Re-)Aktivierung des emanzipatorischen Potentials von Kunst: Zeitschrift für Kunstpädagogik 6/1975

JAUSS, H. R.: Kleine Apologie der ästhetischen Erfahrung: Kunst und Unterricht 31/1975

KATZ, David: Der Aufbau der Tastwelt. (Barth) Leipzig 1925

KATZ, David: Erscheinungsweisen der Tasteindrücke. Rostock 1920

KELLER, Helen: Die Geschichte meines Lebens. Stuttgart 1904[1]. (The Story of my Life. New York 1903)

KERN, G.: Motorische Umreißung optischer Gestalten. In: F. Krueger, O. Klemm (Hg.), Motorik. Neue psychologische Studien 9, 2. (Beck) München 1933

KERBS, Diethart: Historische Kunstpädagogik. (DuMont) Köln 1976

KLÖCKNER, Karl: Zur Problematik der Werkerziehung. In: Ansätze zur Werkdidaktik seit 1945. Weinheim 1968

KNOPFF, Hans Joachim: Kunstunterricht und Sinnesschulung im Vorschulalter. (Ludwig Auer) Donauwörth 1973

KOBBERT, Max J.: Zu den psychologischen Grundlagen haptokinetischer Bildsprache und Ästhetik. Unveröffentlicher Vortrag in der Kath. Akademie Schwerte 1978

KONRATH, Ruth: Der Stellenwert von therapeutischen Bemühungen in verschiedenen Konzepten zu ästhetischen Erziehung. In: Richter, Therapeutischer Kunstunterricht. Düsseldorf 1977

KRAMER, Elisabeth: Kunst als Therapie mit Kindern. München 1975

KÜKELHAUS, Hugo: Fassen, Fühlen, Bilden. (Gaia) Köln 1975

KÜKELHAUS, Hugo: Organismus und Technik. (Walter) Freiburg 1971

KÜKELHAUS, Hugo: Unmenschliche Architektur. Von der Tierfabrik zur Lernanstalt. (Gaia) Köln 1973[1], 1974[2]

KUNZ, Matthias: Das Bild in der Blindenschule. Deutscher Blindenlehrerkongreß, Kiel 1891

LÄNGSFELD, Wolfgang: Ästhetik im Alltag. Über die sinnliche Qualität der Dinge. (Edition Interform AG) Zürich 1974

LAU, E.: Das Greifen in der früheren Kindheit. In: Bericht über den 12. Kongreß der Deutschen Gesellschaft für Psychologie. (Fischer) Jena 1932

LAU, E.: Das Greifen, die Dingauffassung und der Werkzeuggebrauch in der frühen Kindheit: Psychotechnische Zeitschrift Bd. 8/1933

LECHARTIER, Bourgeois: Initation a l'art. In: Danièle Giraudy / Marie-José Thénevin, le mains regardent. (Katalog) Centre Georges Pompidou, Paris 1977

LIETZ, Hermann / STOBBA, Emloh: Schulreform durch Neugründung. (Schöningh) Paderborn 1970

LOWENFELD, Victor: Vom Wesen schöpferischen Gestaltens. (Europäische Verlagsanstalt) Frankfurt a. M. 1960

MARCUSE, Herbert: Kultur und Gesellschaft I und II. (edition suhrkamp Nr. 101 und Nr. 135) Frankfurt a. M. 1965

MARCUSE, Herbert: Versuch über die Befreiung. (Suhrkamp) Frankfurt a. M. 1972

MARLE, Georg Heinrich: Der Anschauungsunterricht in der Blindenschule. Deutscher Blindenlehrerkongreß Kiel 1891

MARZOLLE, Jean / LLOYD, Janice: Jeder Tag Kolumbuszeit. Entdecken, spielen, turnen, schmecken mit Kindern von 3–8 Jahren. (Otto Maier) Ravensburg 1974

MATZ, W.: Zeichen- und Modellierversuche mit Volksschülern, Taubstummen und Blinden: Zeitschrift für angewandte Psychologie 1915

MAYRHOFER, Hans / ZACHARIAS, Wolfgang: Aktion Spielbus. Spielräume in der Stadt – Mobile Spielplatzbetreuung. (Beltz) Weinheim, Basel 1973
MAYRHOFER, Hans / ZACHARIAS Wolfgang: Ästhetische Erziehung. (Rowohlt) Reinbek 1976
MAYRHOFER, Hans / ZACHARIAS, Wolfgang: Neues Spielen mit Kindern drinnen und draußen. (Otto Maier) Ravensburg 1977
MEHRGARDT, Otto: Neue Forderungen an die Werkerziehung. In: Ansätze zur Werkdidaktik seit 1945, Weinheim 1968
MERRY, Ralph V. / KIEFER-MERRY, Frieda: Experimentelle Untersuchungen über das taktile Erkennen von erhabenen Bildern bei blinden Kindern. Übers. u. m. Anm. vers. v. E. Wittke: Blindenfreund, Zeitschrift f. d. dtsch. u. österreich. Blindenwesen, Jg. 53, 5/1933
MESSERSCHMIDT, Karl: Welche Anforderungen sind an das blindengemäße Lehrmittel zu stellen? Deutscher Blindenlehrerkongreß, Hannover 1951
METZGER, Wolfgang: Handbuch der Psychologie in 12 Bd. Verlag für Psychologie Dr. C. J. Hogrefe, Göttingen 1966
METZGER, Wolfgang: Sehen, Hören und Tasten in der Lehre von der Gestalt: Schweizer Zeitschrift für Psychologie 13/1954
MITSCHERLICH, Wolfgang: Auf dem Wege zur vaterlosen Gesellschaft. München 1963
MÖLLER, Heino R.: Werkstatt Kunstpädagogik. Übungen zur Bildbetrachtung. (Otto Maier) Ravensburg 1976
MONTAGU, Ashley: Körperkontakt. Die Bedeutung der Haut für die Entwicklung des Menschen. (Klett) Stuttgart 1974
MONTESSORI, Maria: Die Entdeckung des Kindes. (Herder) Freiburg 1966^1, 1969^2, 1972^3. (La scoperta del bambino. Garzanti. Milano 1950)
MONTESSORI, Maria: Selbsttätige Erziehung im frühen Kindesalter. Stuttgart 1913
MORRIS, Desmond: Liebe geht durch die Haut. Die Naturgeschichte des Intimverhaltens. (Droemer Knaur) München 1972
MÜNZ, S. Ludwig / LOWENFELD, Victor: Plastische Arbeiten Blinder. (Rudolf M. Rohrer) Brünn 1934

NELLESSEN, Helga: Die kleine Wolke Clementine (ein Bilderbuch für blinde Kinder mit Reliefs). (Deutscher Blindenverband, Bonn-Bad Godesberg, Bismarckstr. 30) Bonn-Bad Godesberg 1976
NEUTRA, Richard: Gestaltete Umwelt. Erfahrungen und Forderungen eines Architekten. (VEB Verlag der Kunst) Dresden 1968^1, 1975^2. (Neuauflage von: Wenn wir weiterleben wollen. Hamburg 1956)
NEUTRA, Richard: Mensch und Wohnen. Stuttgart 1956

OTTO, Walter F.: Menschengestalt und Tanz. (Hermann Rinn) München 1956

PALAGYI, Melchior: Naturphilosophische Vorlesungen über die Grundprobleme des Bewußtseins und des Lebens. 1907^1, 1924^2
PALAGYI, Melchior: Wahrnehmungslehre. (Barth) Leipzig 1925
PAZZINI, K. J.: Gegenständliche und symbolische Aneignungsprozesse. Bemerkungen zur Brauchbarkeit von Klaus Holzkamps Theorie der sinnlichen Erkenntnis in der Diskussion um Kunstdidaktik. In: Helmut Hartwig, Sehen lernen. (DuMont) Köln 1976
PESTALOZZI, Johann Heinrich: Wie Gertrud ihre Kinder lehrt. Paderborn 1961
PFAFF, Konrad: Kunst für die Zukunft. (DuMont) Köln 1972
PILZ, Wolfgang: Zu einer Didaktik der Kunstgeschichte: BDK-Mitteilungen 1/1974

RÉVÉSZ, Geza: Die Formenwelt des Tastsinnes. Bd. 1/2. 1. Grundlegung der Haptik und der Blindenpsychologie. 2. Formästhetik und Plastik der Blinden. (Nighoff) Den Haag 1938
RÉVÉSZ, Geza: Die menschliche Hand. Eine psychologische Studie. (S. Karger) Basel, New York 1944
RICHTER, Hans-Günther: Therapeutischer Kunstunterricht. (Schwann) Düsseldorf 1977
RIEGL, Alois: Natur und Kunstwerk. In: Alois Riegl, Gesammelte Aufsätze. (Filser) Augsburg 1929
RIEGL, Alois: Stilfragen. Grundlegungen zu einer Geschichte der Ornamentik. (Schmidt & Co) Berlin 1923
RÖTTGER, Ernst: Das Spiel mit den bildnerischen Mitteln Bd. II. (Otto Maier) Ravensburg 1960
ROUSSEAU, Jean-Jacques: Emile oder über die Erziehung. (Reclam) Stuttgart 1963
RUMPF, Fritz: Der Mensch und seine Tracht ihrem Wesen nach geschildert. Berlin 1905

SALZMANN, Christian Gotthilf: Ameisenbüchlein oder Anweisung zu einer vernünftigen Erziehung der Erzieher. (Julius Klinkhardt) Bad Heilbrunn 1964^2. Erstausgabe: Schnepfenthal 1806
SCHACHTEL, Ernest G.: On Memory and Childhood Amnesia. In: P. Mullahy (Hg.), A Study of Interpersonal Relations. (Heremitage Press) New York 1949

SCHAUERTE, Hugo: Didaktik des Biologieunterrichtes an Blinden- und Sehbehindertenschulen. Protokoll III 90/105 Anthropogene Differenz und unmittelbare Kompensation. Heilpädag. Institut, Pädag. Hochschule Ruhr, Dortmund 3./4.11.1975

SCHAUERTE, Hugo: Allgemeine sehbehinderten- und blindenspezifische Unterrichtsdidaktik – Auflösung eines Paradox. Protokoll V. 112/97. Psychische Differenz und mittelbare Kompensation. Heilpädag. Institut, Pädag. Hochschule Ruhr, Dortmund, 27./28.11. 1975

SCHERER, Klaus R.: Non-verbale Kommunikation. IPK-Forschungsberichte Bd. 35. (Helmut Buske) Hamburg 1970

SCHEWARJOW, P. A.: Untersuchungen aus dem Bereich der Wahrnehmung. 9. Tastwahrnehmung. In: Hans Hiebsch, Ergebnisse der sowjetischen Psychologie. (Klett) Stuttgart 1969

SCHMEER, Gisela: Das sinnliche Kind. (Klett) Stuttgart 1975

SCHWERDTFEGER, Kurt: Bildende Kunst und Schule. (Schroedel) Hannover 1957

SELLIN, Hartmut: Werkunterricht – Technikunterricht. (Schwann) Düsseldorf 1972

SENDEN, M. v.: Raum- und Gestaltauffassung bei operierten Blindgeborenen vor und nach der Operation. Leipzig 1932

SKRAMLIK: Psychophysiologie der Tastsinne, Bd. I/II. Leipzig 1937

SPEER, Christian: Haptisch-visuelle Kommunikation. Der Mensch in seiner Beziehung zur technischen und ästhetischen Umwelt. (Otto Maier) Ravensburg 1973

STADLER, M. / SEEGER, F. / RAEITHEL, A.: Psychologie der Wahrnehmung. Serie Juventa, Grundfragen der Psychologie. (Juventa) München 1976

STAGUHN, Kurt: Didaktik der Kunsterziehung. (Diesterweg) München 1967

STEINBERG, Wilhelm: Die Raumwahrnehmung der Blinden. (Ernst Reinhardt) München 1920

STEINBERG, Wilhelm: Über die Raumvorstellungen der Blindgeborenen. In: Archiv für die gesamte Psychologie, Bd. 50, H. 3/4, Leipzig 1925

STERN, William: Psychologie der frühen Kindheit. (Quelle & Meyer) Heidelberg 1971

TEPLOW, B. M.: Psychologie. (Volk und Wissen VEB Verlag) Berlin 1955

THIELE, Jens: Interaktion und Medienwahrnehmung: Zeitschrift für Kunstpädagogik 1/1976

TÖNNIS, Gisbert: Kriterien zur Beurteilung von Bilderbüchern: Zeitschrift für Kunstpädagogik 2/1973

TÓTH, Zoltán: Die Vorstellungswelt der Blinden. (Barth) Leipzig 1930

TRIER, Eduard: Bildhauertheorien im 20. Jahrhundert. (Mann) Berlin 1971

ULLRICH, H.: Bestandsaufnahme zur Situation des Faches Bildende Kunst/Visuelle Kommunikation. In: Ästhetische Erziehung und gesellschaftliche Realität. (Otto Maier) Ravensburg 1976

VESTER, Frederic: Denken, Lernen, Vergessen. (DVA) Stuttgart 1975

VISCHER, Fr. Th.: Kritische Gänge. 6. Heft. Stuttgart 1873

VOSS, Wilhelm: Die Bildgestaltung des blinden Kindes. Bearb. von Anna Voss. (Verein zu Förderung der Blindenbildung e.V) Hannover 1955

VOSS, Wilhelm: Subjektive und objektive Aufbauelemente in den Zeichnungen Blinder. Hrsg. v. d. Psychologischen-Ästhetischen Forschungsgemeinschaft. Kiel, Hamburg 1931

VOSS, Wilhelm: Bildgemäßiges Zeichnen blinder Kinder: Kunst und Jugend, Deutsche Blätter für Zeichenkunst und Werkunterricht Heft 4, 11. Jahrg. Stuttgart 1931

WARNECEK, Ottokar: Geschichte der Blindenpädagogik. (Carl Marhold) Berlin-Charlottenburg 1969

WENK, Horst: Vier Thesen zu einer Theorie der ästhetisch bedeutsamen Wirklichkeit in Problemzusammenhang von Schulpraxis und Lehrerstudiengängen: Zeitschrift für Kunstpädagogik 4/1973

WESSELS, Bodo: Didaktische Grundrisse. Die Werkerziehung. (Klinkhardt) Bad Heilbrunn 1969

WESTPHAL, Erich: Curriculum zwischen Theorie und Praxis. Saul B. Robinsohn (Hg.) Düsseldorf 1974

WEX, Marianne: Die Sprache unserer Körper: Emma 12/77

WINKLER, Gerd: Kunstergreifung. Der Verfremder Otto Dressler und seine Aktionen. Nürnberg 1975

WINNICOTT, D. W.: Vom Spiel zur Kreativität. Stuttgart 1973

WITTE, W.: Haptik. In: W. Metzger und H. Erke (Hg.), Wahrnehmung und Bewußtsein, Handbuch der Psychologie Bd.1/1, Göttingen 1966

WÖRNER, Gerd: Aktionsorientierte Arbeitsformen in der ästhetischen Erziehung. In: Richter, Therapeutischer Kunstunterricht. Düsseldorf 1977

WOLFF, Charlotte: Die Hand des Menschen. (Barth) Weilheim 1970, München 1973

WURMBACH, Hermann: Lehrbuch der Zoologie. (Gustav Fischer) Stuttgart 1957

Axel von Criegern

Die Lernbereiche im Kunstunterricht der Hauptschule

160 Seiten
4 farbige, 59 s/w Abbildungen
Format 18,5 x 21,0 cm
Broschur
ISBN 3-473-61433-5

In einigen Bundesländern löst eine neue Lehrplangeneration die älteren Bildungspläne für die Hauptschule ab. Herkömmliche und neue Inhalte des Fachs Kunst sind in diesen Lehrplänen in Lernbereichen zusammengefaßt.
Die Systematik dieser Lernbereiche wurde auch diesem Buch zugrundegelegt. Auf den in der Hauptschule das Fach ,,Bildende Kunst'' womöglich fachfremd unterrichtenden Lehrer kommen mit den neuen Lehrplänen Forderungen zu, die häufig seine Ausbildungs- und Erfahrungsvoraussetzungen überschreiten.
Hier will dieses Buch mit einer praktischen Einführung in die verschiedenen Lernbereiche helfen. Es will ,,Schwellenängste'' dadurch abbauen, daß es auf die traditionell im Kunstunterricht der Hauptschule wenig berücksichtigten Lernbereiche wie z. B. ,,Mode'', ,,Massenmedien'' oder ,,Spiel/Materialaktion'' besonderes Gewicht legt. Einen weiteren Schwerpunkt bildet der Lernbereich ,,Bildbetrachtung''. Zu jedem der neun Lernbereiche (Grafik; Farbe; Collage; Bild- und Objektbetrachtung; Architektur, Bauen, Umwelt; Dreidimensionales Gestalten; Massenmedien; Mode; Spiel/Materialaktion) wird eine kurze, allgemeine Einführung gegeben sowie je nach Gewichtung ein oder mehrere Unterrichtsbeispiele angeboten.

Otto Maier Verlag Ravensburg
Fachverlag